本书获 2017 年国家社科基金项目"我国冰雪旅游业全域发展的系统动力学研究（17CTY002）"、

2023 年度黑龙江省省属本科高校基本科研业务费优秀青年创新团队项目"数字赋能黑龙江省

冰雪产业转型升级的作用机理与实现路径研究（2023KYYWF–TD01）"资助

新时代我国滑雪产业的

升级机理与实现路径研究

叶海波◎著

九州出版社

JIUZHOUPRESS

图书在版编目（CIP）数据

新时代我国滑雪产业的升级机理与实现路径研究 /
叶海波著. -- 北京：九州出版社，2024.7. -- ISBN
978-7-5225-3213-4

Ⅰ．G863.1

中国国家版本馆 CIP 数据核字第 2024MN6220 号

新时代我国滑雪产业的升级机理与实现路径研究

作　　者　叶海波　著

责任编辑　杨宝柱　周　春

出版发行　九州出版社

地　　址　北京市西城区阜外大街甲 35 号（100037）

发行电话　（010）68992190/3/5/6

网　　址　www.jiuzhoupress.com

印　　刷　武汉鑫佳捷印务有限公司

开　　本　787 毫米 ×1092 毫米　16 开

印　　张　13.75

字　　数　197 千字

版　　次　2024 年 7 月第 1 版

印　　次　2024 年 7 月第 1 次印刷

书　　号　ISBN 978-7-5225-3213-4

定　　价　78.00 元

前　言

　　随着 2022 年北京冬季奥林匹克运动会（以下简称"冬奥会"）的成功举办，我国滑雪产业的发展实现了数量的飞跃，但是发展质量仍不尽如人意。我国滑雪产业在产品创新能力、技术开发以及管理能力等方面与国际先进水平仍存在较大差距。因此，我国滑雪产业必须转型升级才能实现高质量健康发展。本书以我国滑雪产业升级为研究对象，分析我国滑雪产业升级的微观机理，并构建相应的升级机理模型，提出我国滑雪产业升级的路径，从而拓展我国滑雪产业升级理论的研究。

　　本书采用经济学、管理学、体育学等多学科交叉的研究方法，分析了我国滑雪产业升级的影响因素，并运用产业集群理论和产业结构升级优化理论，对我国滑雪产业升级的内在机理进行了探讨。本书的研究结果不仅揭示了我国滑雪产业升级的作用机理和动力机制，还提供了具体的策略建议，旨在支持我国滑雪产业的高质量发展和转型升级。

　　本书从分析我国滑雪产业现状入手，阐述滑雪产业升级的必要性，并对国外滑雪产业的发展模式进行分析，得出对我国滑雪产业升级的启示。此外，本书提出了我国滑雪产业升级的内涵及研究的分析框架。

　　在微观层面，本书聚焦于企业能力对产业升级的影响，提出我国滑雪产业升级的微观机理概念模型，得出市场感知能力、知识创新能力和社会网络能力三者之间密切相关，并通过学习提升机制和能力进化机制的中介作用，影响滑雪产业的价值提升。

在中观层面，本书分析滑雪产业集群的关键要素，建立滑雪产业集群推动体系，得出滑雪产业集群可凭借其独有的产业竞争优势，推动滑雪产业结构升级优化。

在宏观层面，本书从作用机制和演化机制两方面对滑雪产业升级的宏观机理进行分析后发现，我国滑雪产业受到内外动力的共同作用，产业政策通过政策因素和体制因素，实现滑雪产业升级。

基于上述微观、中观和宏观机理研究，本书提出了我国滑雪产业升级的路径：企业层面，通过技术创新夯实我国滑雪产业升级的基础；集群层面，通过集群效应打造我国滑雪产业升级的平台；国家层面，通过制度创新构建我国滑雪产业升级的环境。

随着中国经济发展和居民收入水平的提高，中国滑雪产业发展逐渐由供给侧推动转换为需求拉动，增长动能的转换将进一步推动滑雪产业提质增效。在中国式现代化轨道上，我国滑雪产业的转型升级和高质量发展是我国建设体育强国的重要内容，也是滑雪产业迈入经济社会发展大局的重要动力。本书从宏观视角出发，从滑雪产业服务升级、内外环境变化的角度切入，探索滑雪产业在不同阶段的转型升级路径；从中观视角出发，明确各个核心区域的产业演化路径，探究区域间滑雪产业供需发展的差异与特色发展路径；从典型案例入手，通过案例研究的方式，从微观视角分析市场主体和居民在参与滑雪产业发展过程中的具体做法和经验。本书从宏观、中观、微观的视角探究我国滑雪产业发展的核心问题，旨在为我国滑雪产业的高质量发展提供理论基础。

本书是2023年度黑龙江省省属本科高校基本科研业务费优秀青年创新团队项目的系列研究成果之一，由本人独立撰写完成。本书的出版，离不开各界的帮助和支持。在此，特别感谢哈尔滨体育学院领导、同事以及九州出版社的大力支持。

　　笔者希望能够客观、全面、深刻地思考新时代我国滑雪产业转型升级中面临的问题，提出我国滑雪产业转型升级的基本框架和升级路径，但由于我国滑雪产业发展涉及面广，加之撰写时间仓促，书稿中难免存在疏漏之处，敬请广大读者批评指正。

哈尔滨体育学院　叶海波

2024 年 7 月

目　录

导　论

一、滑雪产业升级发展的时代背景

在 2022 年北京冬奥会成功举办、全域旅游和冰雪运动蓬勃发展的大背景下，特别是在中国经济进入转型升级的新时代背景下，我国滑雪产业的发展势必需要从追求规模转变为追求质量，以满足人民对美好生活的向往。滑雪产业，作为一种融合了滑雪产业与其他产业的新兴产业，是"旅游＋运动＋度假"的新型休闲业态，具有高增长、新体验、效益好的三大特点。实现滑雪产业转型升级是推进我国滑雪产业发展的必由之路。滑雪产业的升级是滑雪产业供给侧结构性改革的实践方向，它通过对区域内经济社会资源、相关产业、生态环境、公共服务、体制机制、政策法规和文明素质等进行全方位、系统化的优化提升，来实现滑雪产业资源的有机整合、产业融合发展和社会共建共享，最终实现以滑雪产业带动和促进经济社会协调发展。作为一个系统工程，2022 年北京冬奥会为滑雪产业的转型升级提供了良好的发展契机和动力。随着 2022 年北京冬奥会的申办、筹办、举办，我国滑雪产业在新时代有哪些方面得到升级？能够通过哪些路径影响我国滑雪产业的转型升级？在此过程中，滑雪产业的发展又将需要怎样的发展机制，进而发挥冬奥会对我国滑雪产业转型升级的动力作用？这些都是值得深入研究的问题。

二、滑雪产业升级发展的重要意义

2015 年 7 月 31 日，中国北京和张家口正式成为 2022 年冬奥会的举办城市，冬奥会正式走进中国。早在 2014 年 10 月 2 日颁布的《国务院关于加快发展体育产业促进体育消费的若干意见》中提出："以冰雪运动等特色项目为突破口，促进健身休闲项目的普及和提高。制定冰雪运动规划，引导社会力量积极参与建设一批冰雪运动场地，促进冰雪运动繁荣发展，形成新的体育消费热点。"同时，国家提出 2022 年实现"三亿人上冰雪"的目标。这些都预示着在我国将有更多的人加入冰雪运动，滑雪产业将是可以呈几何倍数增长的潜力领域。

滑雪产业是冰雪体育产业的重要组成部分，在我国拥有庞大的市场和较长的产业链。但与此同时，制约滑雪产业发展的各方面和各层次的矛盾和问题也日益凸显。滑雪产业包含滑雪服务业、滑雪竞赛业、滑雪装备制造业、滑雪用品业等多个行业，然而在我国滑雪产业发展的 20 多年里，尽管滑雪服务业得到迅速发展，但滑雪竞赛业故步自封，滑雪装备制造业和滑雪用品业的产业规模较小，滑雪产业存在产业结构发展失衡、经营主体规模较小和品牌战略不足等问题。这些问题不仅是产业格局和管理的表层问题，更是滑雪产业自身运行机理认识不足的体现。综上所述，虽然近年来我国滑雪产业的开发已经取得了显著进展，但对滑雪产业内在机理的研究仍显不足，对滑雪产业价值形成机制、作用机理、实现机制和实现路径方面缺乏系统、完整的理论探讨。

转型升级是新时代我国经济发展的显著特征。党的十九大报告指出：经过长期努力，中国特色社会主义进入新时代，我国经济已由高速增长阶段转向高质量发展阶段。在该阶段，应坚持质量第一、效率优先的原则，以供给侧结构性改革为主线，深化体制机制改革，加快科技进步和创新，不断提升经济的创新力和竞争力。与此同时，我国的滑雪产业也迎来了发展的黄金时期。《冰雪运动发展规划（2016—2025 年）》明确指出我国滑雪产业总规模的两个节点，即 2020 年达到 6 000 亿元人民币，到 2025 年达到 10 000 亿元人民币，并初步建立冰雪运动产业体系，这对我国滑雪产业提出了前所未有的新目标与新挑战。作为滑雪产业的重要组成部分，滑雪产业的转型升级将助推整个产业的发展。转型升级是我国滑雪产业发展的核心要义和必由之路。通过转型升级与供给侧结构性改革的结合，将丰富和优化我国滑雪产业的发展模式，深化滑雪产业的供给侧结构性改革，增强产业供给能力，推动滑雪产业的结构优化升级，从而促进我国滑雪产业的全面发展，这是后冬奥时期我国冰雪经济高质量发展的重要任务。

三、滑雪产业升级发展的价值

第一，本书综合产业经济和体育产业的相关理论，从滑雪产业组织、滑雪产业结构、滑雪产业布局等方面，从微观、中观和宏观等视角，深入剖析我国滑雪产业的内在机理，旨在为我国滑雪产业的升级提供坚实的理论基础。

第二，本书基于 2022 年北京冬奥会背景，探讨了冬奥会的成功举办对我国滑雪产业发展的影响，为冬奥会的效益发挥和场馆赛后利用等方面提供借鉴和参考。

第三，2022 年北京冬奥会的成功举办促使我国滑雪产业直接融入全球滑雪产业的发展大环境，提升了我国滑雪产业的内在竞争力。本书将揭示我国滑雪产业升级的内在规律，并为我国滑雪产业政策的制定提供参考依据。

四、滑雪产业升级发展的研究框架

（一）研究目标

1. 研究对象

本书以我国滑雪产业为研究对象，通过对政府机构、滑雪旅游企业、滑雪装备制造企业、滑雪俱乐部的深入调研,从滑雪产业微观机理、中观机理和宏观机理 3 个方面进行分析,构建我国滑雪产业升级的微观、中观、宏观模型,并通过调查和具体案例分析对模型进行检验,从而提出我国滑雪产业升级的实现路径。

2. 研究目标

(1)分析成功举办 2022 年北京冬奥会背景下我国滑雪产业的发展趋势,并结合国内外现状进行对比,找出我国滑雪产业的不足之处。

(2)通过多学科的交叉研究,对我国滑雪产业内在形成机制和升级机理进行全面分析,为我国滑雪产业的升级奠定坚实的理论基础。

(3)提出我国滑雪产业升级的具体实现路径,为政府政策制定和社会投融资决策提供科学依据。

(二)研究内容

1. 成功举办 2022 年北京冬奥会背景下我国滑雪产业发展趋势分析

(1)冬季生活方式的转变,带动 3 亿人参与冰雪运动。

(2)滑雪产业市场潜力的释放。

(3)上市公司分享冬奥会成果。

(4)多种业态融合发展下的滑雪产业。

2. 我国滑雪产业的发展概述及海外经验

(1)我国滑雪产业的发展现状。

(2)我国滑雪产业的区域发展比较。

(3)我国滑雪产业发展的基本特征及存在的问题。

(4)国外滑雪产业发展的经验借鉴。

3. 我国滑雪产业升级的必要性及分析框架

(1)我国滑雪产业的发展模式及面临的升级压力。

(2)国外滑雪产业升级模式及启示。

（3）我国滑雪产业升级的内涵和维度。

4. 我国滑雪产业的升级机理研究

（1）基于企业能力的我国滑雪产业升级的微观机理：通过学习提升机制和能力进化机制两个中介变量实现企业升级，构建滑雪企业升级的微观概念模型，并通过企业问卷调查等方式对模型进行检验。

（2）基于产业集群的我国滑雪产业升级的中观机理：通过分析产业集群对滑雪产业结构升级的影响，从滑雪产业升级的动力机制、传导机制、实现机制等方面构建我国滑雪产业升级的中观机理实现机制，并结合具体案例对其进行佐证。

（3）基于政策导向的我国滑雪产业升级的宏观机理：通过分析宏观政策和制度对滑雪产业升级的影响，提出基于政策导向的我国滑雪产业升级的作用机制和演化机制，并根据以往经验评估政策对我国滑雪产业升级的影响。

5. 我国滑雪产业升级实现路径研究

（1）技术创新夯实我国滑雪产业升级基础。
（2）集群协作打造我国滑雪产业升级平台。
（3）制度创新构建我国滑雪产业升级环境。

（三）研究方法

1. 文献资料法

通过查阅期刊、书籍、报纸、网站等各种媒介广泛获取与冬奥会和滑雪产业相关的文献资料，确保研究资料的丰富性和全面性。

2. 专家访谈法

走访体育局、文化和旅游局、高等院校、产业研究中心和企业，从多维角度征求专家对本课题的看法和建议；积极参与滑雪产业相关的论坛和学术会议，听取同行学者的意见；组织座谈会，邀请该研究领域的专家、学者，讨论研究中的关键问题；通过多渠道广泛收集专家的宝贵意见。

3. 结构方程模型研究方法

首先，以滑雪旅游企业和滑雪装备制造企业为研究对象，进行问卷设计。其次，进行试调查和调整调查，确保问卷的合理性。再次，进行实地调研，收集数据。在此基础上，构建我国滑雪产业升级的微观机理模型，使用 SPSS 软件对变量进行信度和效度检验。最后，运用结构方程模型验证所构建的微观机理模型的正确性。

4. 实地调研研究方法

通过对我国滑雪产业集群进行实地调研，提出我国滑雪产业升级的中观机理模型。

（四）研究路线

我国滑雪产业的升级机理及实现路径研究见图 0-1。

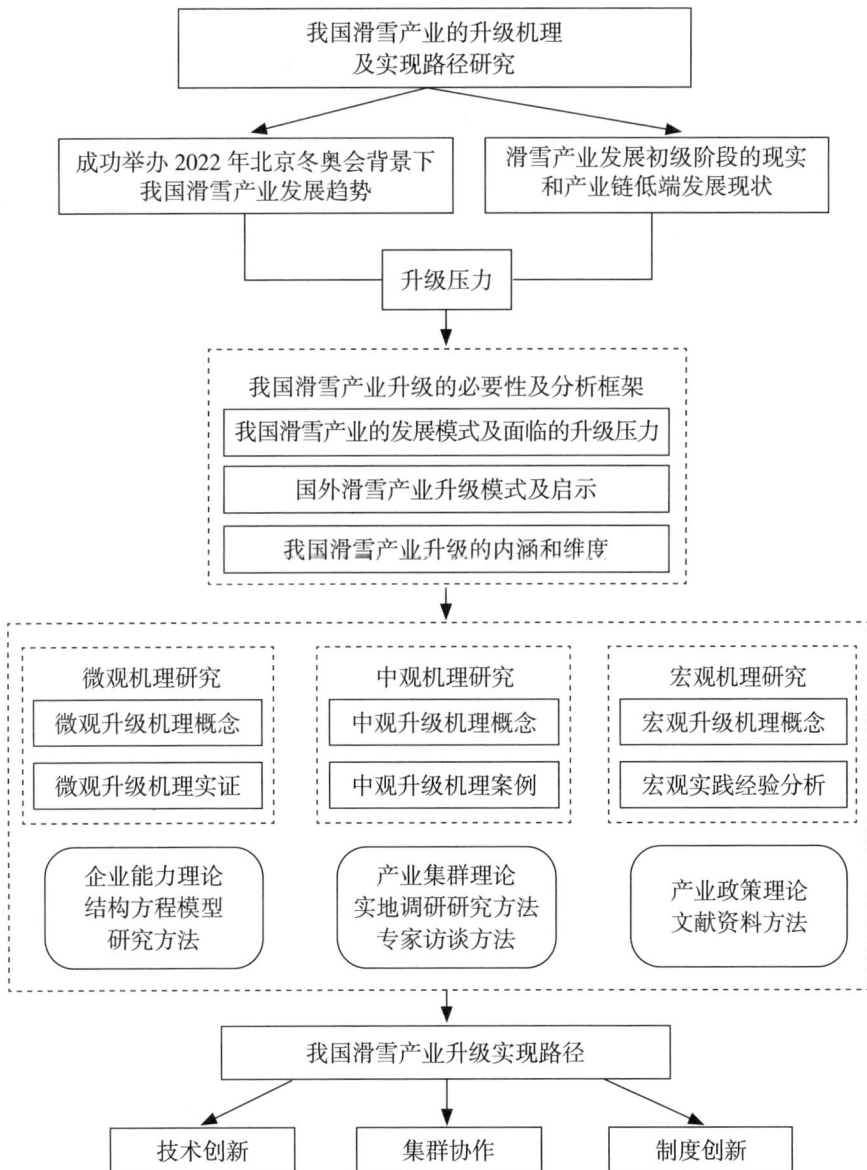

图 0-1　我国滑雪产业的升级机理及实现路径研究路线图

第一章 滑雪产业升级发展的研究现状与理论回顾

一、滑雪产业升级发展的研究概况

（一）滑雪产业升级发展的国内研究概况

国内研究方面，随着"冰天雪地也是金山银山"口号的提出，同时受2022年北京冬奥会的推动，我国滑雪产业迎来了发展的高峰。这种发展的热度也体现在学术研究领域：自2016年起，我国对滑雪产业的研究进入高峰时期。研究范围已从基于现状的表层研究深入到滑雪产业参与者、商业模式、"互联网+"背景下的产业发展，以及消费者动机、参与模式、体验文化和经济效应等深层次问题，研究的广度和深度都有显著提升。我国关于滑雪产业的研究文献主要分布在冰雪运动产业、冰雪产业、滑雪旅游及冰雪旅游业等相关领域。但从现有研究来看，我国冰雪产业的研究主体是滑雪产业，其中滑雪旅游业作为重要研究方向，占据了现有文献的80%。

1.滑雪产业促进地方经济的发展方面

滑雪产业对地方经济的发展具有促进作用。张娜和佟连军通过协整分析发现，吉林省滑雪旅游与区域经济增长之间存在协同发展关系，表明区域经济增长是推动地方冰雪旅游业发展的重要因素。[①] 杨志亭和孙建华提出构建冰雪休闲度假旅游文化圈，并建设冰雪度假旅游区。[②] 李光和李艳翎对中南地区的冰雪体育旅游资源的现状和认知机制进行了研究，为资源价值的实现提供了研究基础。[③] 苟俊豪和乔晗运用SWOT对新疆维吾尔自治区滑雪旅游业进行了分析，并提出了新疆维吾尔自治区滑雪产业发展的主导策略和产业协调路径。[④] 郝晶晶等人从地理学视角分析了内蒙古自治区滑雪旅游资源气象指标的空间分布特征、水资源的空间分布特征以及冰雪旅游资源的开发现状，揭示了内蒙古自治区滑雪旅游产业的特点，并得出了文化引领的冰雪资源开发策略。[⑤] 吴玲敏等人认为2022年北京冬奥会对京津冀滑雪旅游业的发展推动效应明显，提出要构建京津冀滑雪产业链，促进滑雪旅游产业经济生态圈的建设，同时以全域旅游发展理念为指导，构建多元化的公共服务体系。[⑥] 张若冰等人认为在国家大力发展冰雪经济的基础上，吉林省应抓住机遇，大力开发冰雪文旅 IP 产品，释放吉林省冰雪经济红利。[⑦] 王储等人运用协同发展的理论方法，探讨了西北五省区滑

---

① 张娜，佟连军. 吉林省冰雪旅游与区域经济增长协整分析及 Granger 因果检验［J］. 地域研究与开发，2012，31（5）：73–77，84.

② 杨志亭，孙建华. 我国冰雪休闲度假旅游的文化特色及开发战略研究［J］. 沈阳体育学院学报，2013，32（6）：139–140.

③ 李光，李艳翎. 中南地区冰雪体育旅游资源价值实现研究［J］. 中国体育科技，2015，51（4）：117–124.

④ 苟俊豪，乔晗. 新疆冰雪旅游发展战略 SWOT 分析［J］. 新疆社会科学，2015（5）：50–55.

⑤ 郝晶晶，齐晓明，张素丽，等.内蒙古冰雪旅游资源及其利用研究[J].干旱区资源与环境，2017，31（9）：201–207.

⑥ 吴玲敏，任保国，和立新，等. 北京冬奥会推动京津冀冰雪旅游发展效应及协同推进策略研究［J］. 北京体育大学学报，2019，42（1）：50–59.

⑦ 张若冰，高妍，孙铁柱. 以打造冰雪文旅 IP 产品赋能吉林省冰雪经济发展问题研究［J］. 税务与经济，2021（6）：102–106.

雪旅游目的地的发展路径。① 张梦菡等人研究发现，2022 年北京冬奥会开创了全国冰雪旅游大发展的新局面，构建了以崇礼—北京为中心、以东北和西北为两翼的中国滑雪旅游"雁阵"式发展格局。② 可以看出，滑雪产业对国内冰雪旅游资源丰富地区的经济发展起到了极强的促进作用，冰雪旅游业成为地区经济发展的潜在增长点。

2. 滑雪产业高质量发展研究方面

高质量发展是新时代经济发展的主基调。2017 年，习近平总书记在中央经济工作会议上提出我国经济已由高速增长阶段转向高质量发展阶段。③ 高质量发展即能够满足人民日益增长的美好生活需要的发展。因此，滑雪产业的高质量发展自 2017 年起逐渐成为研究的重要方向。在滑雪产业的发展效应提升方面，王月华等人提出加快冰雪旅游产业与相关产业的深度融合，创新冰雪旅游文化产业链的综合价值，科学规划冰雪旅游文化产业布局，拓宽融资渠道以提升冰雪旅游产业的发展效应。④ 杨安娣提出吉林省要引领冰雪旅游，建设冰雪经济中心；突破体制局限，增加冰雪有效供给；突破知识误区，构建全域冰雪格局；坚持产业主体，构建现代冰雪经济等措施促进吉林省冰雪经济的高质量发展。⑤ 闫静和徐诗枧的研究表明，在 2022 年北京冬奥会背景下，冰雪产业的高质量发展路径包括加大政策

———————————

① 王储，把多勋，马斌斌，等. 2022 年北京冬奥会背景下西北五省区冰雪旅游目的地协同发展研究——基于时空差异视角 [J]. 新疆大学学报（哲学社会科学版），2022，50（3）：9-17.

② 张梦菡，董锁成，李富佳，等. 中国滑雪旅游网络关注度评估及后疫情时期复苏对策——以四大滑雪区域为例 [J]. 中国生态旅游，2022，12（1）：140-156.

③ 习近平. 习近平谈治国理政：第三卷 [M]. 北京：外文出版社，2020：237.

④ 王月华，任保国，吴玲敏，等. 我国冰雪旅游产业发展效应及提升路径研究——基于冰雪运动"南展西扩东进"战略的分析 [J]. 吉林体育学院学报，2020，36（1）：53-60.

⑤ 杨安娣. 推动吉林"十四五"时期冰雪经济高质量发展 [N]. 中国文化报，2021-01-26（002）.

支持、加强技术创新、升级赛事、鼓励产业融合等。[①]王颖等人针对乌鲁木齐的冰雪产业发展，提出要塑造富有地方特色的冰雪产品，科学统筹冰雪场地建设，加强冰雪人才队伍建设，以促进乌鲁木齐市冰雪产业的高质量发展。[②]崔佳琦等人提出要建立健全产业内需体系，以结构性改革畅通国内大循环；提升产业链与供应链水平，推动更高水平的对外经济贸易；加强现代化科技赋能，推动产业数字化转型。[③]徐诗枳等人归纳了冰雪政策、消费、技术、赛事和生态五大困境，并分别从劳动力、土地、资本及创新等方面概述了实现路径。[④]刘超和陈林祥认为冰雪运动产业高质量发展需推动政府职能转变，以技术创新为支撑，推动产业结构升级；以市场需求为导向，扩大冰雪运动有效供给；以改善民生为目标，深化冰雪与相关产业融合；以2022年北京冬奥会为契机，大力弘扬冰雪运动文化。[⑤]李安娜提出我国冰雪产业链的现代化推进路径：夯实冰雪产业基础能力，补齐冰雪产业链短板；打造"互联网＋冰雪产业链"平台，优化产业链运行模式。[⑥]冯烽提出冰雪产业的高质量发展需加强冰雪旅游基础设施建设，加大冰雪企业融资支持力度，健全冰雪产业人才培养体系；强化顶层设计，整合冰雪资源，以冰雪双线发力带动全域；深入发掘冰雪文化内涵价值，扩大冰

---

① 闫静，徐诗枳. 北京冬奥会背景下我国冰雪产业高质量发展的困境与实现路径 [J]. 体育文化导刊，2021（5）：78-83.

② 王颖，孟德瀚，李玉宪. 北京冬奥会视域下乌鲁木齐市冰雪产业高质量发展研究 [J]. 冰雪运动，2021，43（4）：73-77.

③ 崔佳琦，王文龙，邢金明. 新发展格局下我国冰雪体育旅游产业高质量发展困境与路径探索 [J]. 体育文化导刊，2021（8）：7-13.

④ 徐诗枳，薛梦莹，刘超，等. 冰雪产业高质量发展：内涵、困境与路径 [J]. 新疆职业大学学报，2021，29（2）：50-54.

⑤ 刘超，陈林祥. 我国冰雪运动产业高质量发展机遇、趋势与路径 [J]. 体育文化导刊，2021（11）：19-25.

⑥ 李安娜. 北京2022年冬奥会背景下我国冰雪产业链现代化：机遇、挑战与路径 [J]. 沈阳体育学院学报，2022，41（1）：25-32.

雪旅游群众基础；努力构建冰雪全产业链体系，推动冰雪经济高质量发展。①可以看出，供给侧结构性改革所引领的高质量发展是未来我国冰雪旅游业发展的主基调，诸多学者从不同角度进行分析，包括产业层面的战略思考、冰雪旅游主体层面的创新思路、旅游环境方面的改善思路等。这些思考形成了我国冰雪旅游业高质量发展的路径框架，为本书的研究奠定了基础。

从研究的区域来看，研究已从东北三省开始向京津冀、西北和华北地区展开。孙一提出吉林滑雪产业发展应实现产业融合和政府、市场的双向管理，重视人文环境和自然环境，以实现可持续与创新发展。②在滑雪产业升级研究方面，李光和李艳翎建立了冰雪体育旅游产品周期模型，并针对各区域提出了营销战略规划。③阚军常和王飞在分析滑雪产业驱动因子的基础上，提出滑雪产业应遵循主导路径、活力路径到社会化路径的产业升级策略。④张高华从协调发展的视角提出了关于非均衡发展下的区域和产业链协调发展战略。⑤何文义等人则提出在新时代背景下，应从产业三要素的视角分析我国滑雪产业的发展现状，并探寻适宜的发展路径。⑥从滑雪产业的研究视角来看，无论是研究方法还是研究维度都呈现出交融性、深入性和创新性的特点。朱晓柯等人通过对哈尔滨滑雪产业的调研，运用层次分析法，并结合 IPA 分析法，得出基于游客满意度的哈尔滨滑雪产业

---

① 冯烽. 北京冬奥会背景下中国冰雪经济高质量发展的推进策略［J］. 当代经济管理，2022，44（3）：41-47.

② 孙一. 吉林省冰雪旅游产业发展探究［J］. 体育科学，2011，31（6）：33-41.

③ 李光，李艳翎. 中南地区冰雪体育旅游资源价值实现研究［J］. 中国体育科技，2015，51（4）：117-124.

④ 阚军常，王飞. 冬奥战略目标下我国滑雪产业升级的驱动因子与创新路径［J］. 体育科学，2016，36（6）：11-20.

⑤ 张高华. 我国冰雪体育产业非均衡协调发展研究［J］. 北京体育大学学报，2017，40（12）：101-106.

⑥ 何文义，郭彬，张锐. 新时代我国滑雪产业本质及发展路径研究［J］. 北京体育大学学报，2020，43（1）：29-38.

的优势区、维持区、机会区和改进区。^① 王恒利等人从女性消费者的角度开展研究，发现女性对冰雪体育旅游具有正向影响。^②

转型升级是我国在习近平新时代中国特色社会主义思想指导下，对经济发展提出的重要的可持续发展理念。滑雪产业转型升级的核心内涵是休闲经济时代的到来和供给侧改革的推进，这对滑雪产业的发展提出了新的要求。

（二）滑雪产业升级发展的国外研究概况

国外滑雪产业的发展起步较早，由于现代滑雪运动和冬奥会的推动，滑雪产业在欧洲许多国家都已成为体育产业的重要组成部分。法国滑雪行业组织（DSF）的报告显示，在2014—2015年度的滑雪季，法国雪场接待游客总人数超过美国，成为全球第一。国外滑雪产业已进入成熟阶段，而我国滑雪产业仍处于初级阶段，与国外存在一定差距，因此，国外滑雪产业的研究在许多方面并没有实际的借鉴价值。不过，国外滑雪产业的研究在可持续发展策略、滑雪旅游服务理念、利用数据建构模型研究滑雪产业等方面值得我们借鉴。

国外滑雪产业的发展是随着冰雪运动的发展而逐步壮大的。特别是自20世纪50年代以来，世界各国在滑雪旅游投资方面掀起了热潮，从欧洲到美国，大量滑雪场和冰雪旅游度假区相继兴建，冰雪旅游业成为全球许多山区的主要经济支柱。迄今为止，国外对冰雪旅游的研究主要集中在与冬季运动和户外冰雪活动相关的经济和环境议题上，气候变化的影响和相应的适应策略成为主要讨论焦点。因此，国外对滑雪产业的研究更侧重于对滑雪度假区的研究，更聚焦于对滑雪旅游业的研究。相关研究动态如下。

---

① 朱晓柯，杨学磊，薛亚硕，等. 冰雪旅游游客满意度感知及提升策略研究——以哈尔滨市冰雪旅游为例［J］. 干旱区资源与环境，2018，32（4）：189-195.

② 王恒利，张瑞林，李凌，等. 女性参与冰雪体育旅游的影响因素研究［J］. 北京体育大学学报，2019，42（3）：44-52.

1. 国外滑雪产业的内涵研究

在冰雪资源丰富的国家，冰雪旅游已成为一种时尚，冰雪旅游业是许多地区的支柱性产业。滑雪产业是冰雪产业的重要组成部分。欧美众多学者对滑雪产业的发展表现出极高的关注度。国外的滑雪产业已相对成熟，特别是在美国、加拿大、北欧以及日本、韩国等冰雪资源丰富的地区和国家，滑雪产业已形成了完整的产业体系，这些地区和国家在滑雪产业的概念界定、发展模式的探索等方面进行了深入研究。尽管国外对滑雪产业的研究较为分散，但学者们从多角度运用定量分析方法，对产业进行了细致的分析与预测。关于滑雪产业创新发展，Favre-Bonte 和 Gardet 认为，滑雪领域的创新是一种服务创新，这种创新需要与滑雪领域外部的合作者建立伙伴关系。[1] 关于滑雪产业的发展模式，Konu 等人在研究中指出滑雪行业面临诸多威胁，需进行绩效评估，以实现可持续发展；节约水资源和能源，保护水质量等指标；他们也提出了商业模式适应滑雪产业的不确定性。[2] Kurtzman 提出滑雪产业包含旅游、餐饮、交通、住宿、服装、机械、信息技术、培训等多个行业。[3] Bausch 和 Unseld 认为德国冬季产业应考虑非滑雪者的需求，开发除了冰雪运动之外的可持续性冬季产品。[4] 滑雪旅游作为一种独特的且受人们冬季欢迎的体育旅游形式，以其冰雪资源为基础，使旅客能参与多种形式的游玩项目，并体验独特的感受。对于滑雪旅

---

[1] Favre-Bonte V, Gardet E, Thevenard-Puthod C. Inter-organizational network configurations for ski areas innovations [J]. *European Journal of Innovation Management*, 2016, 19（1）: 90-110.

[2] Konu H, Laukkanen T, Komppula R. Using ski destination choice criteria to segment Finnish ski resort customers [J]. *Tourism Management*, 2011, 32（5）: 1096-1105.

[3] Kurtzman J. Economic impact: sport tourism and the city [J]. *Journal of Sport Tourism*, 2005, 10（1）: 47-71.

[4] Bausch T, Unseld C. Winter tourism in Germany is much more than skiing！ Consumer motives and implications to Alpine destination marketing [J]. *Journal Of Vacation Marketing*, 2018, 24（3）: 203-217.

游的概念，国外并未给出严格的界定，但其共同特点是依赖于冰雪气候资源，旅游者在冰雪旅游区内可观赏冰雪景观、参与各项户外冰雪运动，享受休闲的度假时光。Steiger 认为滑雪旅游是奥地利的重要收入来源，对该国农村和周边地区，以及社会文化和经济福祉至关重要，并与整个奥地利经济息息相关。[①] 为此，旅游业应致力于产品组合的多样化，同时应增加对老年群体具有吸引力的、与雪相关和与雪无关的旅游活动。Steiger 和 Scott 对奥地利 53 个滑雪区进行了调研，发现降雪是滑雪目的地最关键的因素。[②]

2. 滑雪产业对于地方经济的带动发展方面

Möller 等学者通过描述挪威和瑞典几个滑雪胜地的典型季节性工人的特征，对从事季节性工作的 4 个动机组进行了分类。[③] 工人的工作动机可能表明了他们的"居住潜力"。Kuščer 和 Dwyer 的研究表明，规模较大的滑雪胜地对每位游客产生的环境影响相对较小，而更高的海拔迫使滑雪胜地采取更可持续的发展模式。[④] 有明确迹象表明，滑雪道更长、海拔更高的度假村更倾向于实施可持续管理措施，并享受更高质量的环境，这增强了我们对冰雪旅游和休闲作为特殊利益市场领域的认识，并且展示了其在支持可持续山地旅游方面的政策潜力。文章讨论了有效的滑雪胜地运营需要考虑已确定优势和情况条件。Tsiaras 认为尽管 Elatohori 的滑雪中心具有经济效益，但其对环境产生了重大影响，尤其是由于该地区游客增多造成

---

① Steiger R. Scenarios for skiing tourism in Austria： integrating demographics with an analysis of climate change ［J］. *Journal of Sustainable Tourism*，2012，20（6）：867-882.

② Steiger R，Scott D. Ski tourism in a warmer world：Increased adaptation and regional economic impacts in Austria – ScienceDirect ［J］. *Tourism Management*，2020（1）：77.

③ Möller C，Ericsson B，Overvåg K. Seasonal Workers in Swedish and Norwegian Ski Resorts- Potential In-migrants? ［J］. *Scandinavian Journal of Hospitality and Tourism*，2014（14）：4，385-402.

④ Kuščer K，Dwyer L. Determinants of sustainability of ski resorts：do size and altitude matter? ［J］. *European Sport Management Quarterly*，2019，19（4）：539-559.

的碳排放增加。① 此外，气候条件（降水和温度，尤其是绝对最高气温）会影响游客数量。Aranda-Cuéllar 等人研究了近年来欧洲主要滑雪胜地冬季旅游的演变，探讨了其对主要注册入境游客前往这些滑雪胜地的欧洲国家国内生产总值差距的依赖程度。②

3. 滑雪产业高质量发展研究方面

国外研究并未使用"高质量发展"这一表述，但存在大量关于经济增长及其质量的理论成果。在已有的经济学理论研究中，有三类理论可以很好地解释产业结构的转型和升级：首先是鲍莫尔（William Baumol）及阿西莫格鲁（Daron Acemoglu）等人强调的第一、第二、第三产业部门中的技术进步、资本积累以及它们导致的产品相对价格变化；其次是收入增长促进下的社会大众对需求的增加；最后是国际贸易及进出口结构变动对产业发展的影响。然而，国外关于冰雪旅游业的高质量发展理论研究较少。对于滑雪旅游业的可持续发展，Duglio 和 Beltramo 认为可持续发展是冰雪旅游的重要发展理念，持续发展的理念和面向环境的系统将是滑雪产业可持续发展的两个重要方面。③Kuščer 和 Dwyer 通过调查进行主成分分析，得出滑雪道更长、海拔更高的度假村更倾向于实施可持续管理实践，并享有更高质量的环境条件。④

同时，国外在冰雪旅游业的可持续发展和绿色发展实践方面已积累了

---

① Tsiaras S. Exploring the Impact of Tourism to the Sustainable Development of Mountain Regions：Implications of the Climatic Conditions［J］. *International Journal of Agricultural and Environmental Information Systems*，2017，8（1）：14-28.

② Aranda-Cuéllar P，López-Morales J M，Such-Devesa M J. Winter tourism dependence：A cyclical and cointegration analysis. Case study for the Alps［J］. *Tourism Economics*，2021，27（7）：1540-1560.

③ Duglio S，Beltramo R. Environmental Management and Sustainable Labels in the Ski Industry：A Critical Review［J］. *Sustainability*，2016，8（9）：851.

④ Kuščer K，Dwyer L. Determinants of sustainability of ski resorts：do size and altitude matter?［J］. *European Sport Management Quarterly*，2019，19（4）：539-559.

丰富的经验。随着北美和欧洲冰雪旅游业的成熟，尤其是滑雪旅游的发展，多样化已成为其重要特征之一，如瑞士的韦尔比耶和加拿大的路易斯湖等著名滑雪胜地，都积极提升旗下餐馆和商店的效益和品质。同时，滑雪目的地功能的扩展也成为一大亮点，如美国佛蒙特州的斯托镇就积极融入互联网经济的发展中，成为滑雪旅游与科技结合的完美典范。法国作为发展滑雪旅游业最为典型的国家，在冰雪旅游业高质量发展方面堪称楷模。为发展滑雪产业促使山区脱贫致富，法国在国家层面制定了总体发展战略，推出土地优惠政策，科技部门集中攻关，在国家各部门协力相助下，冰雪资源的开发为当地民众创造了冬季就业机会，同时也丰富了法国的旅游产品组合，为法国的科技界和产业界带来了广阔的发展空间，并取得了显著的经济和社会效益。

（三）滑雪产业升级发展的研究概况梳理

1. 国内研究述评

国内关于滑雪产业的研究相较之国外存在一定程度的滞后。在初期阶段，研究方法主要采用 SWOT 分析法，且研究对象集中于东北地区。2022年北京冬奥会的成功举办使国内关于滑雪产业的相关研究成果日益丰富。研究领域开始从相对宽泛的滑雪产业问题转向具体的冰雪旅游资源的开发、利用与整合。研究方法也日益多元，从单纯的定性研究发展到定性与定量相结合，并更加注重实地调研与区域性研究。

然而，国内滑雪产业研究仍存在一些问题：首先，研究范围过于宽泛，整体呈现出研究内容重复的情况，滑雪产业研究数量众多但缺乏深度；其次，理论研究相对滞后于产业发展现状，尚未形成统一的科学基础体系，缺乏综合性的分析，导致我国滑雪产品开发缺乏宏观发展战略与科学指导；最后，在市场问题、滑雪消费者旅游动机及滑雪旅游目的地等方面的研究存在不足，作为旅游产业与体育产业融合发展的交叉产业，滑雪产业与旅游产业的前沿发展相比存在较大差距。

上述研究为滑雪产业的升级与更新奠定了坚实的基础，并为模型的构建提供了重要参考。然而，也可以观察到，关于滑雪产业升级优化的研究并未得到学术界的充分关注。滑雪产业的供需关系研究散见于众多文献之中，尚未将供需协调及其相互关系问题综合起来作为核心议题进行深入探讨。特别是在高质量发展的背景下，滑雪产业需求与供给之间相互适应关系的研究将成为滑雪产业供给侧改革及高质量发展的关键研究内容。因此，作为滑雪产业结构研究的重要组成部分，滑雪产业的升级优化研究对于构建冰雪经济体系具有基础性的意义，它是实现冰雪经济良性循环发展的根本保证。通过解决冰雪产业结构优化的根本问题，可促使冰雪经济发展实现速度适宜、效益良好，最终迈入持续、稳定增长的良性循环，实现高质量发展。

2. 国外研究述评

通过梳理相关文献，可以发现国外对滑雪产业的研究主要集中在滑雪旅游领域，其他方面的研究相对较少。从国外滑雪产业的发展实践来看，国外的滑雪旅游业发展较为完善，在美国、加拿大、奥地利、瑞士、法国、日本、韩国等冰雪资源丰富的国家，滑雪旅游业已形成了完善的产业体系。这些国家对滑雪旅游的概念界定和发展模式都进行了不同程度的探讨，但研究相对分散，主要从滑雪、冰雪运动、生态环境、气候变化等多个角度进行，并采用定量的方法进行分析和预测。在发展模式上，国外滑雪旅游业主要以冬季度假村为核心，以滑雪为主要活动，同时还融合了滑冰、冰壶等多样化冰雪活动。

国外滑雪产业的研究重点是气候变化对滑雪旅游的影响，以及滑雪产业的创新和可持续发展。特别是在2020年阿尔卑斯冰雪旅游停滞后，人口问题、气候变动对旅游区的影响以及冰雪旅游区的多样化可持续发展成为国外滑雪产业研究的主要方向。国外的研究大多集中在区域调研和个案研究上，很少关注行业动态变化和发展趋势。研究者通常通过数据收集及相关模型构建进行系统性分析，兼顾理论研究和实际应用。研究内容主要涵盖滑雪旅游业在气候变化、自然环境、游客体验、滑雪旅游市场发展、产业发展等因素影响下的绿色可持续发展，以及滑雪旅游业对地区经济的影响。国外的相关研究在实证研究和案例研究方面已形成成熟的研究范式，这与其冰雪旅游业的悠久历史和在地方经济中的作用密切相关。因此，国外研究对我国冰雪旅游产业市场结构优化提供了有价值的借鉴。

高质量发展是一种具有中国特色的发展理念，因此，国外对于高质量发展的关注较少。虽然我国提出的高质量发展并未在国际上得到广泛的学术认同，但其强调的绿色和可持续发展理念与高质量发展不谋而合。在区域经济与旅游产业关系、旅游产业集群的相关文献中，国外的研究者们也经常从区域调研和趋势分析入手，通过数据收集与模型分析相结合的方法，系统研究理论和实践的整合。因此，国外的相关研究为我国滑雪产业的高质量发展提供了宝贵的经验。

国外关于滑雪产业转型升级的理论研究较少，但在实践方面积累了丰富的经验。随着北美和欧洲滑雪产业的成熟，多样性已成为其重要特征。

综上所述，滑雪产业的转型升级需从提高产业质量的角度出发，以发展大型滑雪产业度假区为目标，实现冰雪资源的可持续开发与管理。转型升级是多方共同推动的产业发展模式，对影响其发展建设的各系统进行研究则至关重要。对转型升级动力机制的量化研究及对评定发展动力大小的研究，对构建相关指标体系具有十分重要的意义。

二、滑雪产业升级发展研究的概念梳理

（一）体育产业的界定

关于体育产业的界定，一直以来都是专家学者争论的热点话题。多年来，各领域的专家学者从不同的研究视角对体育产业进行了深入解读，使得关于体育产业的理论研究日臻完善。然而，由于研究目的、分析视角的不同，专家们始终未能就体育产业的界定达成共识。体育产业一词源于我国三次产业划分的官方文件，而三次产业的划分首先是指国民经济各部门的划分。依照相关规定，体育产业属第三产业第三层次中的"为提高科学文化水平和居民素质服务的部门"，也即体育部门。根据体育产业现行管理体制进行分类，大致可以分为主体产业、相关产业和外围产业。3个主体产业层面下又可细分为体育竞赛表演业、体育健身娱乐业、体育培训业、体育传媒业、体育中介业、体育用品业等相关产业。

卢元镇认为，体育产业是指为社会提供体育产品的同一类经济活动的集合，以及同类经济部门的总和。

鲍明晓则认为，体育产业就是社会主义市场经济体制下运行的体育事业。体育产业涵盖的内容较为广泛，任何与体育相关的行业和活动都可纳入体育产业的范畴。

从不同的视角和目的出发，体育产业可分为不同形式，见表1-1。

表1-1　体育产业划分依据及种类

按体育产品种类分类		按消费者的参与动机分类		按经营、集资方式分类
体育用品业	体育服务业	体育健身业	体育娱乐业	
体育服装业	体育竞赛表演	健身指导业	运动游戏业	体育彩票
体育建筑业	体育健身活动业	健美减肥业	极限运动业	体育赞助业
体育设施业	体育空间服务业	体育旅游业	冰上、冰雪活动业	体育广告业
运动营养业	体育竞训教育业	体育疗养业	特殊娱乐业	体育节目、电视转播业
体育设备业	体育信息咨询业	体育康复业	垂钓狩猎业	体育经纪人行业
	体育会展业			
	体育养殖业			

张贵敏教授指出，体育产业可划分为"本体产业"和"相关产业"：本体产业指以发挥体育自身价值和功能、利用体育自身方法和手段实现的；相关产业指提供体育服务的体育产业营销活动和保障体育活动有关的产业营销活动。根据体育市场形成的功能特点，将体育市场分为3个大类以及若干细分市场，如图1-1所示。有市场，就有产业。体育产业形成与发展就是不同类型体育市场的营销活动过程，不同类型体育市场产生相应的体育产业类型，因此，体育产业可以分为若干市场形成的类型。依据上述对体育市场的划分，结合产业相关政策制定中的指导性意见，这种划分方法

有利于为区域体育产业发展规划提供有针对性的对策与建议。

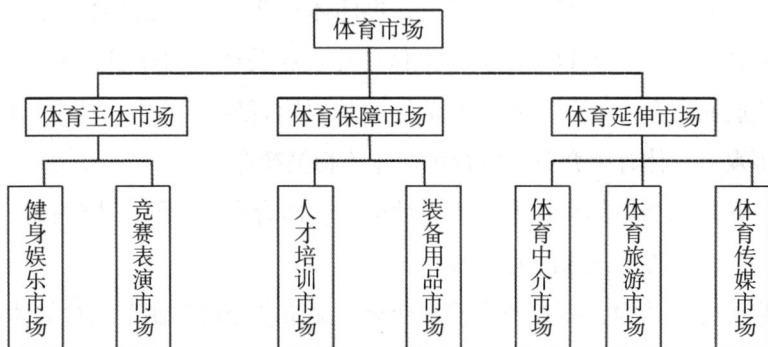

```
                        体育市场
        ┌──────────────────┼──────────────────┐
   体育主体市场          体育保障市场          体育延伸市场
    ┌────┴────┐         ┌────┴────┐      ┌──────┼──────┐
  健身      竞赛      人才      装备    体育    体育    体育
  娱乐      表演      培训      用品    中介    旅游    传媒
  市场      市场      市场      市场    市场    市场    市场
```

图 1-1　体育市场分类

综合来看，体育产业的界定标准主要有两个：一是认为体育产业是"生产同类或有密切替代关系的体育产品与服务的企业集合"，以提供相似的产品为标准，认为产业是企业的集合；二是将体育产业界定为"体育及其相关产业的经济活动的集合"，以从事相似的经济活动为标准，认为产业是经济活动的集合体。两者分歧的关键在于产业是"企业"还是"活动"的集合。

（二）滑雪产业的界定

滑雪产业的发展是随着滑雪运动的发展而发展起来的。世界工业组织《2011 年中国滑雪产业论坛》发表的报告中使用了滑雪产业和滑雪行业两个概念。滑雪产业是指"为滑雪者提供产品和服务的行业或部门"，而滑雪行业则是指"为滑雪者提供产品和服务的行业，以及其他对滑雪消费活动有较大依赖的行业"。从文字表述来看，滑雪产业的外延要大于滑雪行业，因此，本书将滑雪产业定义为只为滑雪者提供滑雪运动中的各种有形产品和无形服务的诸多行业及相互联结所形成的完整经济链条；从产业层面来看，滑雪产业是生产滑雪产品和提供滑雪服务的相关企业的集合[①]；从发展过

[①]　阚军常，王飞. 冬奥战略目标下我国滑雪产业升级的驱动因子与创新路径［J］. 体育科学，2016，36（6）：11-20.

程来看，滑雪产业就是一个多元化的组成；从世界滑雪产业发展情况看，滑雪产业的核心以滑雪基地为依托，融合发展了冰雪运动、冰雪观光、冰雪娱乐、冰雪赛事、健康养生、文化以及会展等关联产业，配套发展酒店、餐饮、特色商业等旅游服务业，在促进自身发展的同时，带动与之相关的市场发展。滑雪产业的划分存在两种分法：一种是将滑雪产业分为上、中、下游。滑雪产业的上游涉及滑雪用品、滑雪器材、滑雪机械装备（造雪机、压雪机等）、索道等的设计与加工制造；中游即主体产业，包括滑雪竞技比赛、滑雪运动、滑雪表演、滑雪培训、滑雪旅游等，其中滑雪旅游和滑雪旅游度假区是产业的核心；下游则是交通运输、房地产、酒店、餐饮、传媒、医疗、保险等，以及保障主体产业运作而开展的吃、住、行、游、购、娱等相关服务行业。另一种分法认为，滑雪产业主要包含主体产业和相关产业。主体产业包括滑雪竞赛表演业、滑雪健身娱乐业、滑雪培训业等；相关产业主要包括滑雪产品制造业、滑雪体育建筑业[1]，以及滑雪相关衍生产业，如滑雪保险业、滑雪体育赞助业等。滑雪产业作为我国的新兴产业，在20多年的发展过程中面临诸多挑战，如产业内部比例失调、在群众中发展基础较差以及政策推动力不足等问题，这些都促使产业结构升级的需求日趋强烈。

滑雪产业，以滑雪气候旅游资源为主要吸引力，是体验滑雪文化内涵的所有活动形式的总称，是一项具有参与性、体验性和地域依赖性的产业类型。滑雪产业具有以下几个方面的特征。

1. 参与性

滑雪运动具有极强的参与性，这是由滑雪运动的起源和游客的旅游需求所决定的。滑雪产业为游客提供了许多参与性的旅游产品，如高山滑雪、越野滑雪、自由式滑雪和单板滑雪等项目，这些滑雪项目都具有极强的参与性，能够让滑雪运动的爱好者充分体验滑雪运动的魅力。

---

① 王露露，陈丹，高晓波. 我国南方滑雪产业发展问题及对策［J］. 体育文化导刊，2019（4）：94-99.

2. 体验性

体验性是滑雪产业的重要特征。与其他体育产业相比，滑雪产业更注重为游客提供参与性和亲历性的活动，使游客在体验中感受愉悦。只有亲身参与滑雪活动，游客才能体会到滑雪运动的乐趣，并感受当地的风土人情。滑雪产业是一种"绿色产业"。习近平总书记考察时曾说"冰天雪地也是金山银山"，滑雪产业带动当地居民的发展，具有"低投入、高产出、低污染"的特点。冰雪是可再生的自然资源，而滑雪运动既可增强人们的身体素质，同时也有助于树立正确的健康观念，提升公众的健康水平，符合我国健康中国和新发展理念的方针。

3. 地域性

滑雪产业的开发对资源具有较强的依赖性，需同时具备寒冷的气候条件和适宜的地形条件。从我国冬季体育项目的开展情况可以看出，我国滑雪运动主要集中在纬度较高的北方地区。由于环境因素的限制，纬度较低的南方地区在冰雪运动方面存在较大局限性，滑雪产业的发展主要依托高山区域的旅游景区滑雪场和室内滑雪场。随着国内交通和科技的发展，滑雪产业的地域限制正在逐步减少，能够让更多人体验到滑雪运动的魅力。

4. 融合性

滑雪产业是一个高融合度的产业，产业链较长，附加值较高。作为与旅游产业深度融合的新型业态，滑雪产业在发展过程中不仅可以提升双方的经济效益，也可以极大地促进我国新农村建设和全域旅游发展示范区建设等国家战略。同时，滑雪装备制造业、滑雪传媒业、滑雪智能设备等产业的发展都体现了滑雪产业与其他产业的高度融合。"滑雪产业＋"和"＋滑雪"的发展模式有力地促进了滑雪产业与其他产业的融合力度，推动了滑雪产业的持续发展。

5. 资源强依赖性

滑雪运动对自然条件有着严苛的要求，因此，一个地区的滑雪产业发展在很大程度上依赖于其自然资源的优势。室外滑雪场的建设存在着对滑雪场山体海拔条件的限制——高级滑雪场要求海拔超过 1 000 米，中级滑雪场在 800—1 000 米；同时，对山体的坡度有着相当高的要求——坡度应在 10—40 度；积雪量是滑雪产业发展最重要的因素。我国滑雪资源禀赋优良的地区，有着发展滑雪产业极好的资源条件，对我国滑雪产业而言是一个良好的发展机遇。

（三）滑雪产业的依托要素

我国滑雪产业供需协同高质量发展模式构建如图 1-2 所示。

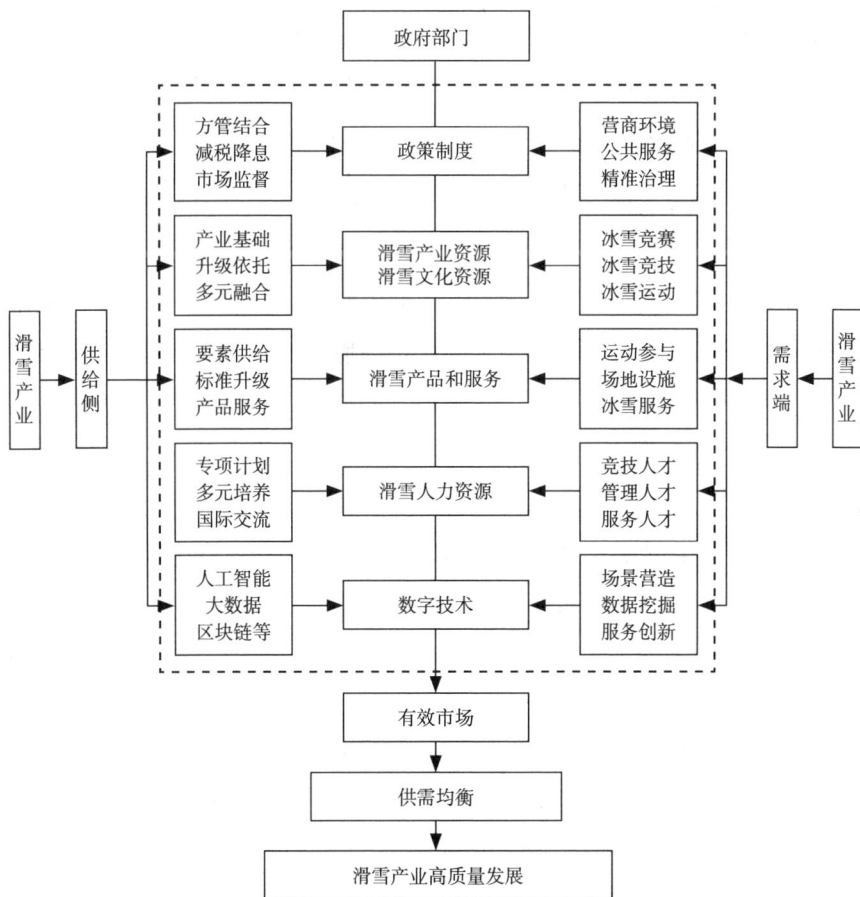

图 1-2　我国滑雪产业供需协同高质量发展模式构建

1. 政策制度

我国滑雪产业的发展必须充分发挥政府的重要作用，整合形成一套符合滑雪产业发展规划、促进滑雪产业发展的政策体系。具体而言，有效的滑雪产业政策供给应根据新时代、新征程下滑雪产业发展的最新形势，及时调整滑雪产业的发展方向，同时综合平衡各利益相关者的利益要求，规范滑雪产业市场主体行为，发挥政府在滑雪产业中的重要作用。一方面，政策制度的制定要坚持以问题、目标、结果为导向，持续提供有效的政策支持；另一方面，加强政府与市场的协同，明确政府在滑雪产业发展中的行为边界，通过市场主体培育、财政补贴、减税降费等多种形式，强化市场在滑雪产业发展中的重要作用，推动市场主体积极参与滑雪产品和服务的创新，优化资源配置，实现滑雪产业发展的要素协调和供需平衡。

2. 滑雪产业资源

滑雪产业资源是滑雪产业发展不可或缺的基础。一个国家或地区滑雪产业的发展成功与否，在很大程度上取决于滑雪产业资源是否具有特色和雪丰度状况，取决于是否能对滑雪产业资源进行恰当的评估与合理的开发，以及是否能平衡滑雪产业资源开发与保护环境之间的关系。滑雪产业资源泛指人们在滑雪过程中感兴趣的各类事物，如国情、民风、山水风光、历史文化和各种物产等。滑雪产业极强的行业关联度使得滑雪产业资源内涵的泛化和范围的扩大化，从而使滑雪产业资源系统演化为一个边缘模糊的复杂系统。从现代滑雪产业发展的角度出发，滑雪产业资源的概念可界定为"凡能激发滑雪者的滑雪动机、为滑雪产业所利用并由此产生经济效益和社会效益的现象和事物"。滑雪产业资源分为自然资源和人力资源，两种资源区位特色明显。自然资源主要指区域纬度、海拔、气象条件、地势地貌特点、水资源及生态环境等。在产业升级中，人力资源的重要性日益凸显，成为重要的因素，可以单独作为一个要素进行论述。

3. 滑雪文化资源

滑雪人口转化是滑雪运动开展的基础，也是后冬奥时期滑雪产业发展的重要保障。滑雪人口的数量和质量是我国滑雪运动发展速度和质量的关键性影响因素。现阶段我国滑雪人口转化率较低，成为困扰我国滑雪产业可持续发展的核心议题。滑雪运动的技能门槛较高，尤其是滑雪运动的极限运动特性给滑雪人口转化带来巨大的困难，因此，滑雪产业发展必须解决滑雪人口转化这一核心问题。通过提升滑雪体验、拓展途径和加强各类滑雪场景的融合，将是我国滑雪产业发展的重要探索路径。在我国外生驱动型滑雪运动发展模式下，滑雪文化对滑雪产业发展具有强大的内驱力，不仅包含对滑雪活动对象化的物质文化，更重要的是在滑雪运动形成和发展过程中的价值观念和行为规范体系的文化。滑雪文化资源包含传统滑雪文化资源和现代滑雪文化资源：传统滑雪文化资源是我国人民群众在历史和劳动中形成的具有民族特色和地方特色的文化形式，以服务于我国生产活动为导向；现代滑雪文化资源是以健身、休闲、竞技为底色的现代滑雪文化。在内生和外生发展力量的双重作用下，我国的滑雪文化资源呈现出交融互动、内生发展的特征。传统滑雪文化资源在自然、人文等因素的影响下，不断激活我国滑雪运动的内在基因，同时充分利用现代滑雪文化资源，如滑雪竞技明星、大型滑雪赛事遗产资源，形成具有中国特色的滑雪文化体系。

4. 滑雪产品和服务

滑雪产品和服务是市场主体为满足广大滑雪运动者的需求，面向大众传递滑雪运动价值的主要载体和服务。我国滑雪产品和服务主要由滑雪产品与服务和滑冰产品与服务两部分组成，两者在发展模式和业态上各有不同。我国滑雪产品与服务主要由上游的滑雪设备和装备，中游的滑雪场馆，以及下游的滑雪教育培训、滑雪旅游、滑雪社交媒体、滑雪住宿餐饮等环节组成。我国滑雪产业是以滑雪装备制造为基础，在滑雪者和滑雪场馆的双轮驱动下，实现滑雪体验的转化，促进滑雪产业的协同发展。我国滑冰产业的组成主要包括上游的滑冰场地场馆建设、滑冰装备器材制造，中游的滑冰场地运营、滑冰器材装备销售，以及下游的滑冰竞赛表演、滑冰教育培训和其他衍生周边产品。因此，在后冬奥时期，我国滑雪运动产业发展必须注重产业核心产品和服务领域的发展，加大科技创新力度，优化人才培养，提高滑雪产品和服务的供给质量，从而实现滑雪运动的高质量发展。

5. 滑雪人力资源

人力资源是各行各业可持续发展的核心要素，尤其在体育行业中，它是支撑一个项目发展的重要保障。我国滑雪产业发展急需强化人力资源这一核心要素。培养滑雪竞技人才、大众滑雪人才和滑雪产业人才是提升我国滑雪产业发展的重要支撑。在我国滑雪人才高地建设的总体进程中，需对滑雪运动人才分类别、分方式持续推进。滑雪竞技人才是推动滑雪竞技体育发展的核心，应通过政府和市场的双重手段完善新型举国体制，确保滑雪竞技人才的合理配置。至于大众滑雪人才方面，需要加强滑雪社会指导员培训体系，积极服务于更高水平的全民滑雪公共服务体系建设。在滑雪产业人才方面，应积极加强滑雪市场主体的培育，加强滑雪产业的"产学研"结合，强化政策对滑雪产业技能型人才的扶持力度，并结合高等院校、职业院校和企业，打造现代化、先进的滑雪产业人才培养体系。

6. 数字技术

新时代下，滑雪产业发展的一大创新在于数字技术的应用。数字化转型是新时代、新征程下滑雪产业发展的时代命题。作为一种新型工具，数字技术服务于滑雪产业的发展过程。各种滑雪应用程序、智能出行、物联网、云计算、大数据和人工智能等数字技术活跃在滑雪产业发展的各个领域，助推滑雪产业在供给理念、内容、方式上的全面革新。数字技术通过敏锐的信息感知、深层的信息挖掘，识别海量数据中的有效消息，精准识别人民群众多层次、个性化、即时性的滑雪服务诉求①，从而丰富和扩展了滑雪服务的供给内容，为滑雪产业发展提供了坚实的数据支撑。同时，数字技术能强化滑雪服务供给主体与资源间的质量管理，提升基层滑雪服务的供给能力。特别是在基层滑雪公共服务体系构建过程中，数字技术日益成为驱动滑雪公共服务体系前进的核心力量，通过与现有滑雪产品与服务的双向融合，推进治理理念和服务理念的不断创新，优化供需模式，从而消除滑雪服务供需之间的物理障碍和信息障碍，持续推动滑雪产业的发展。

三、滑雪产业升级发展的理论回顾

（一）产业升级理论

从不同的研究视角来看，产业升级可以从微观、中观和宏观3个方面进行阐述。

从产业升级的微观层面来看，产业升级主要表现在企业的技术进步和产品创新上，国外学者对此进行了大量研究。Porter通过产业内部各要素的优化配置实现产业的升级，从而使企业获得更多的资源，依托资源优势获得更大的竞争力和利润空间。②同时，许多专家学者也认为，在激烈的市场竞争中，提升企业的竞争能力必须进行自主创新，通过创新实现价值的增值，从而达到产业升级的目标。因此，企业要实现产业升级，必须先进行价值增值和产品升级，通过创新产品模式、技术革新以满足消费者需求，同时加快技术进步和提高工作效率，共同促进产业的升级。现有研究表明，产业升级的微观层面主要来自技术创新和对资源的合理配置。

---

① 韩瑞波，彭娟. 平台化生产：社区服务供需匹配的运作机制与逻辑理路［J］. 深圳大学学报（人文社会科学版），2023，40（5）：107—116.

② Porter M. The competitive of nations: cluster and the new Economic of competition［J］. *Harvard Business Review*，1990（5）：77—90.

从产业升级的中观层面来看，产业升级是指产业集群从最初的以生产要素创造价值到技术要素创造价值的过程。从中观角度研究产业升级的过程，人们更倾向于关注产业结构问题。产业升级的中观原理就是产业深化发展的过程，在这一过程中，产品生产的纵深化、集约化和创新性成为产业升级的重要特征。

从产业升级的宏观层面来看，产业升级主要表现在人力和资源较为充裕时，国家在发展中所呈现的比较优势，许多学者从供给侧和需求侧出发，分析环境等因素对产业结构变化的影响。需求方面，主要包括个人消费需求、需求比例变化等；供给方面，主要包括技术供给状况、人力资源供给状况、自然资源禀赋、资金供给等；环境因素，则包含产业政策、居民消费水平、消费特点等因素。

本书的一个重要研究方向就是滑雪产业集群、政策、技术对产业升级的影响，因此，本书有必要结合滑雪产业研究，对产业转型与产业升级的概念进行相关界定。目前，产业转型主要有两种解释：一种解释较为宏观，指一个国家或地区在一定历史时期内，根据国际和国内经济、科技等发展现状和趋势，通过实施特定的产业、财政金融政策措施，对其现存产业结构的各个方面进行直接或间接的调整。这意味着，一个国家或地区的国民经济主要构成中的产业结构、产业规模、产业组织、产业技术装备等会发生显著变动，从这一方面讲，产业转型是一个综合性过程，包括产业在结构、组织和技术等多方面的转型。另一种解释是指行业内资源存量在产业间的再配置，即将资本、劳动力等生产要素从衰退产业向新兴产业转移的过程。所谓产业升级，主要是指产业结构的改变、产业素质和效率的提升。产业升级必须依靠技术进步。产业结构的优化表现为产业的协调发展和结构的提升；产业素质与效率的提高则表现为生产要素的优化组合、技术水平和管理水平及产品质量的提高。通常来讲，产业结构是指第一、二、三产业在国民经济中的比例，以及各产业内部配置，如轻工业与重工业、劳动密集型与资本密集型等。简单地说，产业升级就是从目前的产业结构升级转移到利润更大的产业结构。在人类经济发展过程中，每一次科技革命都会促成传统产业的升级换代，但是每次产业升级都具有不同的内容和特点，这是由新技术、新的经济形态本身的特点所决定的，因为新技术是传统产业升级的主要推动力。

一些研究表明，产业转型与产业升级是一起进行的，统称为产业转型升级，即从低附加值到高附加值升级、从高能耗高污染向低能耗低污染升级、从粗放型向集约型升级。从本质上看，产业转型升级的目标在于实现产业的高质量发展。从高质量发展的特征看，产业转型升级主要表现为产业结构的合理化和高级化，创新成为推动经济发展的第一动力，供给体系有质量，人民群众对美好生活的需要将得到满足。因此，从中观经济高质量发展的目标看待产业转型升级，产业转型升级是促进产业结构的高级化和合理化的重要手段，以质量提升促进产业结构高级化，形成产业发展新格局，推动产业向中高端迈进。在积极融入全球产业链的基础上，产业转型升级使我国的产业结构向国际产业价值链的中高端迈进，提高中观产业的发展质量，同时通过创新努力提高生产力质量，坚持以创新为支持，以市场为导向，建立产业创新链，提高企业技术改造效率，鼓励推动企业优化产业链和价值链。由此可见，我国滑雪产业的转型升级是指以发展质量为目标，以效率提升为主要方式，以产业现代化建设为主线，以制度创新、产业创新、企业创新为手段，以新技术、新产业、新产品、新业态模式为核心，以知识、技术、信息、数据为新的高级生产要素为支撑，推动产业高质量发展的动能，使科技创新成为滑雪产业高质量发展的关键动力，加快构建现代化滑雪产业新体系，全面提升产业的核心竞争力。

（二）产业结构优化相关理论

产业结构是指产业间或产业内部之间的关系结构，反映的是一个国家产业内部或一个产业内部行业之间的比例、关系和变化的趋势。[①] 产业结

---

① 宋涛. 调整产业结构的理论研究 [J]. 当代经济研究，2002（11）：11–17.

构理论以产业间的技术经济联系和联系方式为研究对象。产业结构的合理化是产业结构优化的重要内容，也是产业结构高级化的基础。李京文认为，合理的产业结构应满足以下需求：第一，能满足有效需求，并与需求结构相适应；第二，具有较为显著的结构效益；第三，资源配置合理且得到有效利用，当出现资源供给不足或产品过量时，能通过进出口贸易进行补充调节；第四，各产业间能相互补充配套、协调发展；第五，能吸引先进技术，有利于技术进步；第六，在保证技术进步的前提下吸纳较多就业人数；第七，有利于保护自然资源和生态平衡。滑雪产业结构从产业层面看，是指生产滑雪产品和提供滑雪服务的各类企业的集合。[①] 因此，现有的滑雪产业结构研究可分为两个部分：一种是广义的滑雪产业结构，即滑雪产业内部各产业部门之间，以及滑雪产业部门与其他各部门之间的相互联系、相互影响、相互促进、相互制约的过程；另一种是狭义的滑雪产业结构，即滑雪产业内部各大行业之间的相互联系和比例关系。

（三）产业集群发展理论

产业集群理论是由美国哈佛商学院的学者迈克尔·波特（Michael Porter）在 20 世纪 90 年代提出的，在很多文献的研究中都从空间特征和产业特征两个方面进行阐述。产业集群的基本含义就是大量密切联系的企业以及相关支撑结构在特定空间里的集聚。[②] 波特将这种静态的空间意义的集群推进为动态的动能集群。[③] 在产业集群内部，企业不仅表现出对产业关联内要素共享机制的共生性，还需具备在合理分工基础上进行协作的

---

① 阚军常，王飞. 冬奥战略目标下我国滑雪产业升级的驱动因子与创新路径[J]. 体育科学，2016，36（6）：11-20.

② Feser E J, Bergman E M. National industry cluster templates: A framework for applied regional cluster analysis [J]. *Regional studies*, 2000, 34（1）: 1-19.

③ He Z, Xu S, Shen W, et al. Overview of the development of the Chinese Jiangsu coastal wind-power industry cluster [J]. *Renewable and Sustainable Energy Reviews*, 2016（57）: 59-71.

互补性。① 正是由于产业集群具有的属性和优势，使得其在产业组织进行专业化分工的同时，充分发掘了促进企业发展的制度、创新、知识和市场等方面的合作。这种特点使得产业集群在保持其自身区域特色的同时，也保持了应对外部环境变化足够的柔韧度，从而增强了产业组织应对风险的能力和促进产业高质量发展的动力。从产业集群的发展来看，从阿尔弗雷德·马歇尔（Alfred Marshall）到马克斯·韦伯（Max Weber）、从新经济地理学派到管理战略学派，在产业集群理论的发展道路上，各个学科丰富了产业集群理论。1998 年，波特在竞争优势理论的基础上认为，集群是在特定产业发展过程中，相互关联的企业集聚在特定的地理位置的一种集聚现象。产业集群包含着上、中、下游机构，各个产业部门以及其他企业和组织。这样的集群不仅会延伸到产业末端的通路和顾客上，还涉及产业发展中不可或缺的互补性产品、原料提供方和科技公司，同时在一定区域内的大学、科研机构、标准制定方等第三方机构为产业发展提供智力支持和知识更新。从产业集群的定义和内涵来看，产业集群形成的原因主要来自规模经济、通过集聚而带来的成本节约、知识溢出所带来的产业创新和对机会主义的克服。

随着波特的竞争优势理论在全球范围内的影响日益强大，产业集群的概念在世界范围内得到了广泛的认同。克鲁格曼是关注产业集群的主流经济学家之一，他在《收益递增与经济地理》一文中提出了中心—外围模型，认为"中心—外围"结构的形成取决于规模经济、运输成本和区域内国民收入中制造业份额。行业地理集中主要受三种效应驱动：一是市场准入效应，即垄断厂商总是倾向于将其生产安排在大市场，同时向小市场出口；二是生活成本效应，它分析了厂商区位对当地生活成本的影响，在众多厂商集中的地区，商品价格相对较低，从而吸引大量消费者聚集在该地区，

---

① Feser E J, Bergman E M. National industry cluster templates: A framework for applied regional cluster analysis [J]. *Regional studies*, 2000, 34（1）: 1–19.

进而节约了消费者的生活消费支出；三是市场挤出效应，即在存在竞争的情况下，厂商总是向竞争相对较少的地区集中，为了避免竞争，在大量厂商聚集的地区，该地区的厂商会向厂商相对较少的地区移动。前两种效应的合力形成凝聚力，有利于厂商和消费者在地理上集中，并且相互促进；后一种效应则形成离心力，促使厂商在地理上扩散。

滑雪产业是进行滑雪产品的生产、销售、流通和提供滑雪服务等经营性活动的总称，其主要特征是以产业为手段发展滑雪事业，将滑雪作为资源进行生产，向社会提供滑雪产品和服务，以满足人民群众日益增长的滑雪需求。滑雪产业依托于滑雪资源，以运动为核心，以滑雪服务为媒介，具有产业集群的特征。

滑雪产业集群的概念源自产业集群理论，并在发展的过程中受马歇尔的集聚理论、韦伯的区位理论以及波特的竞争优势理论的影响。尽管国内关于滑雪产业集群的研究时间较短，从中国知网的检索结果来看，仅有36条相关研究，这一数据表明目前对于滑雪产业集群的研究较少。杨明等人的相关研究中，描述滑雪产业集群为"滑雪产业企业及相关企业和部门集聚在一起，同时作为一个开放的系统在特定的区域内，为了一个共同的目标，从而建立起更为紧密的联系，共同提高产业发展竞争力"。[1] 这一概念从本质上来看是由旅游产业集群的概念演化而来的，但也反映了滑雪产业发展的本质。张欣和杨荣荣补充了相关概念，认为滑雪产业集群包含一定的冰雪旅游资源企业集聚，同时也包含了上下游产业链以及相关链的集聚。[2] 因此结合相关的研究结论可知，滑雪产业集群是指在一定的地理区域内，与滑雪产业相关的旅游企业、体育企业、中介企业、相关协会和组织、高等院校和政府机构等，通过有组织的协同发展，通过各种协同和创新，

---

① 杨明，王新平，王龙飞. 中国体育旅游产业集群研究 [J]. 武汉体育学院学报，2009，43（1）：37-42.

② 张欣，杨荣荣. 产业融合与我国冰雪旅游产业竞争力提升 [J]. 中国商贸，2014（15）：187-189.

形成一种相互合作和竞争的关系，通过技术和科技创新提高整个区域内的滑雪产业链的整体竞争力，并在政府制定的相关战略、制度和政策推动下，形成的滑雪产业集聚现象。

（四）产业创新理论

奥地利经济学家约瑟夫·熊彼特（Joseph Schumpeter）提出了"创新"概念和创新理论，引起了经济学界的轰动。熊彼特认为，创新就是把一种从来没有过的生产要素和生产条件的新组合引入生产体系，实现创新的途径主要靠企业的创新行为，创新的主体是具有创新能力和创新精神的企业家，而要素组合创新则是企业创新的核心内容。

20世纪中叶兴起的新制度学派将创新研究深入制度层面，关注制度创新问题。美国经济学家道格拉斯·诺斯（Douglass North）运用熊彼特的创新理念考察制度变迁现象，首次提出了制度创新的概念，并在此基础上建立了制度创新理论。[①] 诺斯认为，制度创新是对现有制度的变革，从而使得创新者获得更大的利益。制度创新的动力来源于创新的预期净收益大于预期成本，而这种预期收益在现行制度下是无法实现的，只有通过改造现有制度阻碍，创新的因素才能够实现创新的预期收益。

20世纪下半叶，知识创新受到高度重视，知识经济、信息经济等概念的提出，使人们认识到创新是一个需要整个社会协同才能完成的事业。因此，美国经济学家米尔顿·弗里德曼（Milton Friedman）提出了国家在推动技术创新中的作用，形成了"国家创新系统理论"。弗里德曼和理查德·纳尔逊（Richard Nelson）认为，国家在推动技术创新中能够发挥重要的作用。政府可以通过技术创新与政府职能的结合，构建国家创新系统，以实现经济的超越和发展。纳尔逊在其著作《国家创新系统》一书中指出，现代国

---

① ［美］道格拉斯·诺斯，罗伯斯·托马斯. 西方世界的兴起［M］. 厉以宁，蔡磊，译. 北京：华夏出版社，1999：5.

家的创新系统是一个包括各种制度因素、技术行为因素及大学、政府等职能机构的复杂体系。伦德瓦尔从企业行为的角度讨论了国家创新体系的构造与运行，认为科研机构、大学、企业都是创新主体，它们的创新行为需要良好的创新环境，而制度则是这一环境中的关键要素。[1] 弗里德曼的研究表明，创新是将新产品引入市场，新技术工艺投入实际应用的一系列技术的、工业的以及商业的步骤，是从技术创新到产品创新，再到工艺创新的过程。同时，一些学者也认为产业创新是把产业自身及其关联产业的关键要素重新组合，并引入产业体系。

产业创新包括产业组织创新和产业结构创新，其目的是实现产业的可持续发展，是特定产业在成长过程中主动联合开展的产业内企业间的合作创新。因此，产业创新是企业创新战略的核心和最高目标，是企业技术创新、管理创新、市场创新的系统集成，同时也是企业家创新精神的主要体现。从狭义上看，产业创新是以技术创新为核心，产品创新为载体，通过产、学、研创新主体之间的协同作用，实现技术的创造、发明和产业化应用，从而实现产业的突破性进步或发展为新产业。从广义上看，产业创新指的是产业创新主体（如政府、大学、研究机构、企业等）通过制度创新、技术创新、组织创新、环境创新等方式，充分利用社会资源和能力，使原有产业得以转型升级，处于领先地位，或使其获得突破性的发展，形成新兴产业的创新活动。

四、本章小结

本章作为全书的基础环节，主要总结分析了滑雪产业转型升级的国内外研究现状、相关概念的界定和相关理论。通过分析国内外关于滑雪产业的研究现状，进一步明确了相关概念，对相关理论进行了深入分析，为后续研究奠定了理论基础。

---

① 贾根良，王晓蓉. 国家创新能力测评的缺陷与体制研究的重要性 [J]. 中国人民大学学报，2008（6）：31-38.

第二章　我国滑雪产业的
发展现状分析

新疆维吾尔自治区阿勒泰被认为是世界重要的滑雪起源地之一，然而我国的滑雪产业发展相对较晚，直到 20 世纪 90 年代，滑雪产业才获得业界和学界的认可。滑雪产业作为我国冰雪经济的重要组成部分，大力发展滑雪产业是践行习近平总书记"冰天雪地也是金山银山"理念、"带动三亿人参与冰雪运动"的有力抓手。特别是 2022 年北京冬奥会和冬残奥会的成功举办，极大地推动了我国滑雪产业的发展。因此，分析我国滑雪产业的发展现状对于新时代滑雪产业转型升级具有重要意义，也是清晰认知我国滑雪产业发展定位的重要一步。

一、我国滑雪产业的发展历程

随着"带动三亿人参与冰雪运动"的开展，助力全民冰雪运动目标的实现，滑雪旅游成为当下的旅游热潮，代表着国民大众新的休闲娱乐方式。滑雪产业的发展对于旅游业、体育业和文化产业的发展具有重要作用。滑雪旅游凭借其刺激性和体验性的优势成为冬季旅游者的首选。特别是在 2022 年北京冬奥会的成功举办后，我国的滑雪产业得到了快速发展，滑雪产业的发展规模、发展质量都得到了有效的提升。冰雪场地的建设得到了迅猛发展，为冰雪运动的发展奠定了良好的基础。

我国的滑雪产业作为一种独立产业的历史，仅有 20 多年，我国的滑雪产业经历了萌芽期、初步发展期、快速发展期、蓬勃发展期和高质量发展期 5 个阶段。

（一）萌芽期（1949—1995 年）

世界滑雪产业随着冰雪运动的发展而兴起，滑雪运动起初是一项竞技运动，随后滑雪俱乐部和滑雪协会相继成立。20 世纪 30 年代，滑雪运动逐渐发展成为滑雪旅游，并逐渐成为冬季最受欢迎的休闲项目。

我国的滑雪旅游产业发展较晚，1957 年我国首次滑雪比赛在吉林省通化市举行，标志着我国现代滑雪运动的开始。1980 年，我国首次参加冬奥会，现代化竞技滑雪运动的引入标志着现代滑雪运动正式引入中国。在这一时期，我国滑雪旅游发展的重要特征是滑雪产业随着冰雪运动的发展而逐步壮大，特别是在改革开放的时代背景下，国家对群众性滑雪旅游运动的支持，滑雪产业服务于人民群众，作为旅游业和体育产业融合发展的重要业态，滑雪产业开始成为一种重要的产业业态，受到国内人士的关注。

（二）初步发展期（1996—2000 年）

滑雪产业在 1996 年正式进入我国：黑龙江哈尔滨举办的第三届亚洲冬季运动会，当时为了亚冬会新建的亚布力风车山庄滑雪场被认为是我国第一家旅游性质的滑雪场。亚冬会结束后，风车山庄对外开放，预示着我国的滑雪产业开始升温。1998 年，在国家旅游工作会议上，文化和旅游部提出要加强对滑雪旅游产品的开发。同年我国举办了首届滑雪节，标志着我国的滑雪旅游开始进入发展阶段。在此期间，大型滑雪旅游赛事推动了我国滑雪产业的发展，亚冬会的赛事效应激发了人民群众参与观赛和滑雪旅游体验的热情，赛事驱动成为助力我国滑雪产业发展的重要动力。然而，到 20 世纪末，我国滑雪产业的发展仍然非常有限。

（三）快速发展期（2001—2014 年）

21 世纪初，随着我国经济的快速发展，人民群众对于旅游产品的需求增加，滑雪产业因此进入快速发展时期。作为一项新兴的度假旅游产品，滑雪旅游开始受到越来越多人的关注。自 2000 年起，我国开始重点打造自身的滑雪旅游品牌，如哈尔滨冰雪大世界、亚布力滑雪节、龙珠二龙山首滑式、中国雪乡旅游节等，基本上奠定了我国滑雪旅游发展的格局。2001 年，吉林省开始举办滑雪旅游节，东北三省的滑雪产业开始引领全国滑雪产业的发展。2002—2003 年雪季，我国滑雪游客数量首次超过百万人次，旅游总收入达 5 亿多元。[①] 新疆维吾尔自治区、内蒙古自治区开始大力发展滑雪产业，滑雪产业开始与当地文化融合，走上特色发展之路。自 2010 年起，我国大型滑雪旅游度假建设的速度开始加快，如吉林省内的万达长白山国际度假区、万科松花湖度假区、河北省内的万龙滑雪场、太舞滑雪小镇等极具代表性的滑雪旅游度假区，大大推动了当地滑雪旅游消费市场的发展。这一时期滑雪产业快速发展的重要标志是大型滑雪旅游度假区的建设，这也成为我国滑雪产业实现高质量发展的重要载体。

（四）蓬勃发展期（2015—2022 年）

2015 年 7 月，北京联合张家口申办冬奥会成功，为我国滑雪产业注入了新的发展动力，并为我国滑雪产业的转型升级带来了新的契机，标志着我国滑雪旅游进入了新的发展纪元。国家陆续出台了多项促进冰雪运动和滑雪旅游发展的政策措施，推动了我国滑雪产业及其他相关冰雪业态的发展，释放出巨大的消费红利。在持续旺盛的冰雪消费需求刺激下，我国冰雪市场的主体数量迅速增加。数据显示，截至 2021 年 12 月，我国共建有

---

① 蒋升阳. 黑龙江滑雪旅游入账逾 5 亿［N］. 人民日报，2003-04-01.

冰雪运动场地 2 261 个，场地面积达到 0.77 亿平方米。截至 2022 年 4 月，我国建有架空索道的滑雪场共 163 座，其中脱挂式索道的滑雪场有 30 座。[①] 冰雪场地与设施的分布逐步打破了"北强南弱"的不平衡状态，初步形成了滑雪运动设施"南展西扩东进"的格局，室内冰场全域分布，室外冰场则集中在东北和京冀的空间布局。滑雪旅游市场规模持续增长，市场集中度进一步提升。《中国滑雪旅游消费大数据报告》显示，2018—2019 年我国滑雪旅游投资额约为 6 100 亿元；2018—2019 年冰雪季，我国旅游冰雪消费达 2.24 亿人次，旅游收入高达 3 860 亿元，同比增长超过 10%。根据中国旅游研究院滑雪旅游课题组的综合测算，2021—2022 年的冰雪季我国冰雪休闲旅游人数达到 3.44 亿人次，冰雪休闲旅游收入达到 4 740 亿元，滑雪旅游实现了跨越式发展。[②]

滑雪旅游资源呈以北方为主的格局，室内冰雪场馆增长迅速，滑雪人次的集中度越来越高。2020 年全年，滑雪场接待超过 10 万和 15 万人次的滑雪场数量分别达到 38 家和 25 家。我国东北、西北、华北地区拥有全国 70% 以上的冰雪资源，北方冰雪资源优势明显，超过 70% 的滑雪场位于北方省。南方则因冰雪市场需求旺盛，室内冰雪场馆建设进入了高速发展期，为南方滑雪旅游的发展奠定了坚实的基础。室内冰雪场馆的蓬勃发展也将深刻改变整个冰雪市场的格局。同时，我国的目的地度假型滑雪场逐渐成为各地开展滑雪旅游活动的中心，至 2022 年底，有 21 家符合目的地度假型滑雪场的标准，其中 10 家可被称为大型目的地滑雪度假村。2022 年北京冬奥会的成功申办激发了人民群众对滑雪旅游的刚性生活需求，滑雪旅游市场进入高速扩张的新阶段。滑雪旅游发展的政策环境日益宽松，体制机制的

---

① 伍斌. 2021-2022 中国滑雪产业白皮书［R/OL］.（2022-07-29）［2022-09-16］. http://vanat.ch/publications.Shtml.

② 百家号. 中国旅游研究院：2022 年全国滑雪旅游消费总额同比增长 36.3%［EB/OL］.（2023-01-20）［2023-04-20］. https://baijiahao.baidu.com/s?id=1755540758969931857&wfr=spider &for=pc.

红利不断释放。尽管疫情对滑雪产业造成了较大挑战，但总体而言，滑雪产业已积蓄力量，正步入高质量发展阶段。

（五）高质量发展期（2023 年至今）

我国滑雪产业在后冬奥时期和新时代的双重背景下，迈入高质量发展阶段，产业呈现爆发式增长。

特别是在"双循环"新发展格局的指引下，滑雪产业抓住全球滑雪旅游产业重心进一步东移的机遇，锚定后冬奥时期滑雪旅游产业的飞速发展黄金期，通过构建滑雪产业高质量发展的战略布局，把握我国滑雪产业发展中的关键问题，顺应居民消费升级趋势，优化滑雪旅游产业结构，推动滑雪旅游产业在更大范围内的合作。滑雪产业的壮大成为建设社会主义滑雪旅游强国的重要支柱和经济增长点。一系列促进滑雪旅游产业发展的政策措施，为滑雪旅游产业的蓬勃发展注入了强大动力。制度环境的优化、供需体系的完善以及要素配置的健全，都为我国冰雪运动和滑雪旅游产业的发展提供了重要的制度保障和产业动力。

二、我国滑雪产业的发展现状

目前，我国滑雪产业整体上已经走过了初创阶段，进入高质量发展期。我国滑雪产业已形成一定的发展规模，处于产业快速增长阶段。

（一）滑雪产业政策体系基本确立，构建滑雪产业发展的新格局

为促进冰雪运动的发展，中共中央及国务院联合下发了 3 个文件，国务院发布了 4 个政策文件、国务院办公厅发布了 8 个政策文件。同时，国家体育总局联合中央多部委制定了多项关于冰雪运动发展规划、场地建设规划以及群众冬季项目推广等文件，见表 2-1。这些纲领性文件构成了我国滑雪产业发展的顶层设计，特别是《关于以 2022 年冬奥会为契机大力

发展冰雪运动的意见》明确了促进发展冰雪运动的指导思想、基本原则和主要目标，成为我国冰雪运动发展的指导性文件。在这些政策性文件的指引下，各省市相继发布了促进滑雪产业发展的配套文件，形成了完整的政策体系。这一系列举措成为推动滑雪产业快速发展的强力推手，确立了以京津冀为引领，以东北三省提升发展为基础，发挥新疆维吾尔自治区、内蒙古自治区等地后发优势，带动南方地区协同发展的新格局。

表 2-1　我国滑雪产业相关政策汇总

政策文件	发文机构	主要相关内容
《关于加快发展体育产业促进体育消费的若干意见》	国务院	支持中西部地区利用冰雪特色资源优势发展区域特色产业
《关于加快发展健身休闲产业的指导意见》	国务院办公厅	深入实施"南展西扩"，推动冰雪运动设施建设，提高冰雪运动普及程度与产业发展水平
《全国冰雪场地设施建设规划（2016—2022 年）》	国家发展改革委等	推动滑雪场地建设，到 2022 年滑雪场数量达到 800 座，雪道面积达到 10 000 万 km^2，雪道长度达到 3 500km，新建滑雪场不少于 240 座等
《冰雪运动发展规划（2016—2025 年）》	国家体育总局等	2020 年冰雪产业总规模达 6 000 亿元，2025 年冰雪产业总规模达到 10 000 亿元，参与冰雪运动人数超 5 000 万；推动"百万青少年上冰雪"和"校园冰雪计划"
《群众冬季运动推广普及计划（2016—2020 年）》	国家体育总局等	普及冰雪运动文化、加大冬季运动场地设施供给等
《关于以 2022 年北京冬奥会为契机大力发展冰雪运动的意见》	中共中央办公厅等	加快发展冰雪产业。建立冰雪产业集聚区，优化冰雪产业结构等
《冰雪旅游发展行动计划（2021—2023 年）》	文化和旅游部等	打造一批高品质的冰雪主题旅游度假区，推出一批滑雪旅游度假地，冰雪旅游参与人数大幅增加，消费规模明显扩大，对扩内需贡献不断提升

（二）产业基础设施的完善，奠定我国滑雪产业的发展基础

近两年来，国家体育总局连续发布的《全国体育场地统计调查数据》

表明，截至 2021 年 12 月 31 日，全国滑雪场数量为 811 家，截至 2022 年 12 月 31 日，全国滑雪场数量增至 876 家。尤其是我国室内滑雪场业态在国内全面爆发，我国已成为世界上室内滑雪场数量最多的国家。室内滑雪场对我国滑雪产业的发展起着重要作用，尤其是在冰雪资源并不优越的南方地区，室内滑雪场馆成为提供滑雪体验的最佳场所，在提高民众的滑雪技能和培养滑雪人口方面发挥了基础性的作用。

随着国内室内滑雪场、旱雪滑雪场及滑雪机训练馆的增多，非雪季室内滑雪已成为许多人假日休闲的新选择。目前，市面上的室内滑雪场主要分为室内真雪滑雪场、旱雪滑雪场和滑雪机训练馆三种类型。《中国滑雪产业白皮书（2022—2023）》显示，我国目前已有 50 家室内滑雪场，每年稳定吸引超过 300 万的体验人群。南方一些城市的增长尤为显著，如浙江省已拥有 23 家滑雪场，成为我国重要的滑雪客源地之一。

从细分市场来看，室内滑雪场的增幅已超过了传统室外滑雪场。在 2013—2014 年雪季，国内仅有 5 家室内滑雪场，而到了 2022—2023 年雪季，室内滑雪场的数量增至 50 家，如图 2-1 所示，其中 8 家是新建并投入运营的。与此同时，在同一时期内，仅有 5 家室外滑雪场新投入运营。连锁室内滑雪场品牌的形成也为室内滑雪场提升了知名度、扩大了参与人群，如融创旗下的"热雪奇迹"，在广州、成都、重庆、昆明、无锡等多个城市都有布局，相应地也带动了这些城市室内冰雪运动的普及和发展。

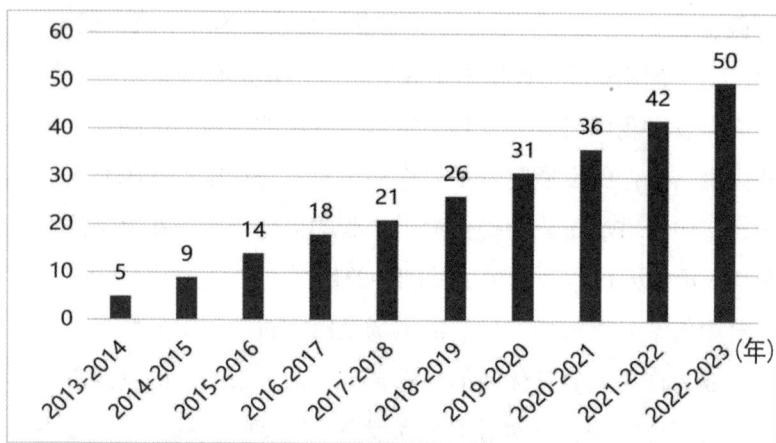

图 2-1　国内已投入运营的室内滑雪场数量统计（单位：家）

（资料来源：2022—2023 中国滑雪产业白皮书。）

（三）滑雪人口稳步提升，成为世界上最大的初级滑雪市场

滑雪人口是指参与滑雪运动的人数，在西方国家，通常用滑雪人口比总人口来衡量一个国家的滑雪运动渗透率。例如，阿尔卑斯地区的瑞士及奥地利的滑雪运动渗透率高达 30%，日本约为 9%。2020—2021 雪季，我国参与滑雪运动的人数为 1 086 万，虽然相对我国 14 亿人口而言，我国的滑雪运动渗透率仍然较低，但一次性体验滑雪者的比例已从 2016 年的 78% 大幅下降至 57.64%，人均滑雪次数也由 1.33 次跃升至 1.91 次，反映出滑雪爱好者的比例明显上升，人们参与滑雪运动的黏性逐渐形成。

我国是世界上最大的初级滑雪市场，一次性体验客群比重仍然较高，这是我国滑雪市场现阶段的特征，同时也催生了一些独有的业态。与其他国家相比，室内滑雪场的快速发展已成为我国滑雪市场最显著的特色。截至 2020 年底，我国已投入运营的室内滑雪场达到 36 家，正在建设中的项目超过 10 家，规划中的项目超过 20 家。室内滑雪场的全面爆发成为极具中国特色的现象。2020 年国内新增的 8 家滑雪场中，就有 5 家是室内滑雪场。截至 2020 年，国内 36 家室内滑雪场滑雪人次达到 269 万，占全年滑

雪场总人次的 20.89%，为我国滑雪人次的增长带来了巨大的增量。[①]

室内滑雪场的普及改变了滑雪运动的地域性和季节性限制，真正促使滑雪运动"南展、西扩、东进"。我国的室内滑雪场不仅在数量上领先全球，在规模上也独树一帜，全球前十位的室内滑雪场中，我国已经占据半数。广州融创雪世界则成为我国第一家年滑雪人次突破 100 万大关的滑雪场。室内滑雪场为我国滑雪市场培养了大量的滑雪人口，促进了南方地区滑雪运动的普及，并带动了相关产业的发展。除了室内滑雪场，滑雪模拟器以及旱雪场的普及也让越来越多的人接触到滑雪这项运动。室内滑雪场、滑雪模拟器以及旱雪场已成为我国滑雪产业的重要组成部分。

（四）滑雪产业与文旅产业的融合发展，推动滑雪产业产品创新

去哪儿数据显示，在 2023 年 11 月，平台上关于"滑雪"的相关搜索环比增长 3 倍，全国滑雪场门票预订量较 2019 年同期增长 147%；而携程数据显示，截至 2023 年底，滑雪门票订单量周环比增长 113%，较上年同期增长近两倍。

国家体育总局提供的数据显示，目前我国拥有冰雪场地达 2 452 个，居民参与冰雪运动人数为 3.46 亿人。在春节 8 天假期中，26 个国家级滑雪旅游度假地接待游客达 282.61 万人次，实现体育及相关消费 25.61 亿元，部分滑雪场的收入涨幅超过 346%。

直接受益于北京冬奥会遗产的河北省张家口市崇礼区，本雪季各大雪场"开板"以来接待游客总人次已突破 250 万。

作为冰雪经济的重要组成部分，滑雪装备、酒店食宿等消费也大幅增长。《经济日报》携手京东发布的数据显示，2023 年 11 月以来，滑雪装备成交额快速增长，其中滑雪面罩、滑雪衣裤套装、滑雪服等产品的成交

---

① 伍斌，刘津成. 后冬奥时代中国滑雪产业发展趋势研究［J］. 中国生态旅游，2021，11（6）：938–952.

额增长均超过100%。与此同时，热门冰雪目的地的民宿预订热度空前。多家平台显示，2023年11月以来，国内热门滑雪酒店和包含"温泉""私汤""泡汤"标签的酒店预订量双双大幅增长。"冰城"哈尔滨元旦期间90%以上的民宿被预订一空。

（五）滑雪装备制造业逐步发展，成为滑雪产业新的增长极

滑雪装备制造业发展迟缓。滑雪产业主要涵盖三大类产品：一是雪具，如参与滑雪运动所需的雪板、雪鞋等；二是用于滑雪场造雪、压雪和运输的造雪机、压雪机和索道等；三是滑雪服装，包括帽、衣、裤、手套等。伴随滑雪产业的发展，尽管我国拥有较多生产装备制造产业的生产企业，但这些企业的创新意识不强。虽然我国作为国内重要的重工业基地，具备滑雪装备制造业的生产条件，但实际上我国滑雪装备制造业在滑雪产业中所占比例较小，发展相对滞后。

我国滑雪产业历经20余年的发展，初步形成了由滑雪场馆、滑雪装备制造业、滑雪场馆服务商、滑雪场设备供应商、滑雪地产开发商等组成的滑雪产业链条。其中，滑雪场是产业的基石，是消费的主要场景，带动着上下游关联产业的发展。由于我国滑雪产业起步较晚，在关键的装备器材以及软硬件设施方面长期依赖进口，关键技术难以突破。北京成功申办冬奥会后，国家高度重视冰雪装备制造业发展，通过科技冬奥等科研攻关项目，联合相关企业与科研机构，在造雪设备、滑雪装备、雪场工程机械等领域突破了多种技术壁垒，有力推动了我国滑雪装备制造业国产化进程。国产索道设备、压雪车辆、造雪机等的市场份额近年来不断提升，见表2-2。其中，国产拖挂式索道的市场占比由2015年的7.69%上升至2020年的38.24%；国产压雪车的市场占有率也接近三分之一。

表 2-2　中国主要滑雪场设备数据

年份	拖挂式索道数量 / 条		压雪车数量 / 辆		造雪机数量 / 辆	
	进口	国产	进口	国产	进口	国产
2015	24	2	61	10	650	50
2016	29	6	56	20	1 080	100
2017	33	15	48	22	1 220	200
2018	36	18	36	20	510	300
2019	40	20	61	27	682	467
2020	42	26	41	14	472	160

（六）冬奥会和消费结构升级为滑雪产业的发展开辟广阔空间

冬奥会和消费结构的升级为我国冰雪经济的发展提供了强有力的支撑。根据《2021 年中国冰雪产业发展研究报告》，2015—2020 年我国冰雪产业的总规模将从 2 700 亿元增长到 6 000 亿元。参与冰雪运动已成为人们的新消费方式。根据国际冰雪运动发展经验，当一个国家人均 GDP 超过 1 万美元时，冰雪运动将迎来爆发式发展。截至 2021 年，我国人均 GDP 已突破 1.2 万美元，为冰雪运动的发展奠定了坚实基础。

滑雪产业的空间格局和产业链条正在发生根本性的改变。天眼查的数据显示，广东拥有 400 多家滑雪相关企业，仅次于河北和黑龙江，排在吉林和辽宁之前。长江三角洲地区和粤港澳大湾区已成为我国滑冰运动的热点地区。现在，"东西南北一年四季"的滑雪产业新格局已经初具规模。从滑雪运动到滑雪器具，从滑雪旅游到滑雪装备产业，从滑雪产品到冰雪会展，滑雪产业链条日益丰富，形成了新的经济增长点。

三、我国滑雪旅游产业的发展模式

从以上发展历程分析可以看出，我国滑雪产业的发展经历了不同的阶段，在每一阶段都呈现出不同的特征。总体而言，在 2015 年我国成功申办冬奥会后，我国的滑雪产业进入快速发展阶段，各地滑雪产业的发展呈现出不同的发展模式。根据实地调研和资料查询，主要有以下几种模式。

（一）冬奥赛事驱动型的滑雪旅游发展模式

冬奥赛事驱动型的滑雪旅游发展模式主要包括北京延庆海陀滑雪旅游度假地和河北涞源滑雪旅游度假地。这种模式主要是依托 2022 年北京冬奥会的发展机遇，打造奥运文化体验地和滑雪旅游集群，大力推广冰雪运动，升级冰雪项目设施，吸引更多的人参与冰雪运动。从本质上看，这种模式是经济驱动型的发展模式。由于 2022 年北京冬奥会的经济效应，赛后吸引各地游客，显著提高地方滑雪旅游产业的成长能力，带动地方经济的发展。

（二）滑雪度假目的型的滑雪旅游发展模式

滑雪度假目的型的滑雪旅游发展模式主要包括吉林丰满松花湖滑雪旅游度假地、吉林抚松长白山滑雪旅游度假地。这种模式对冰雪资源的要求较高，主要集中在东北三省，高纬度的雪线使其雪质优良，硬度适中，积雪厚，生态环境优美，气候适宜，适合滑雪产业发展。这种模式适合一年四季为游客推出主题鲜明、参与性高的各类节目和度假项目，强化旅游要素支撑，促进产业融合发展。其重要特征是滑雪旅游目的地辐射范围广、开放时间长。

（三）冰雪观光休闲的滑雪旅游发展模式

冰雪观光休闲的滑雪旅游发展模式主要包括成都的西岭雪山滑雪旅游度假区、新疆维吾尔自治区阿勒泰滑雪旅游度假区。这些地区以核心景区为主导，滑雪旅游地的交通基础设施完善，景区内旅游景观道路系统建设完善，旅游资源丰富。同时，这种模式注重当地文化与旅游的融合，注重冰雪观光休闲协同发展，在拉动周边产业消费的同时，推动周边产业的发展。

（四）城乡一体的冰雪特色小镇发展模式

特色小镇是一种根据创新、协调、绿色、开放、共享的新发展理念，结合自身特点，找准产业定位，进行科学规划，挖掘特色人文底蕴和生态禀赋，并具有明确的产业定位，形成"产、城、人、文"四位一体、有机结合的重要功能平台。冰雪特色小镇是滑雪产业发展的重要载体。例如，崇礼的太舞滑雪小镇、腾冲的启迪冰雪小镇、吉林长白山冰雪小镇等，这些冰雪特色小镇积极打造"冰雪＋体育＋旅游＋文化＋民俗"的四季多元拓展路径，发展冰雪休闲度假、冰雪观光体验、冰雪民俗等多类型的滑雪旅游产业，发展全季节的休闲文旅小镇。

综上所述，按照世界滑雪产业的发展规律，结合我国滑雪产业的发展特点，新时代我国滑雪产业的发展将以满足人民群众对美好冰雪生活的向往为主要目标，以大型滑雪旅游度假区为建设重点，加快滑雪产业的转型升级，释放发展型和享受型的消费需求，从而促进滑雪旅游的高质量发展。滑雪旅游目的地除了提供多样化的产品外，逐渐将自身的定位由单纯的度假区拓展至吸引新兴产业和新的定居者，促进地方经济发展，这将是我国滑雪产业高质量发展的核心理念和发展方向。

四、本章小结

本章总结了我国滑雪产业发展的历程，并对我国滑雪产业的现状进行了分析。我国滑雪产业的发展现状研究是新时代我国滑雪产业升级的重要基础。通过对现状的研究，有助于我们了解事物发展的当前状态，进而分析未来的发展趋势、存在的问题和困境，为后续对我国滑雪产业进行深入研究提供指导。

第三章　新时代我国滑雪产业升级的综合动因和总体思路

　　我国滑雪产业的转型升级是推动我国滑雪产业持续发展的必经之路，也是构建我国高质量体育产业体系的重要组成部分，作为一个完善的系统工程，滑雪产业的转型升级不仅需要历史机遇，同时也需要推动力和活力。2022年北京冬奥会的成功举办是我国承办的最高规格的冰雪体育赛事，对我国滑雪产业发展具有重要的历史意义，同时也为我国滑雪产业升级提供了契机和推动力，助推我国滑雪产业实现转型升级。

一、新时代我国滑雪产业升级的内涵解析

　　2022年北京冬奥会成功举办，以及一系列推动我国冰雪运动发展政策文件的实施，为我国滑雪产业发展带来了巨大的机遇。后冬奥时期，滑雪产业将迎来发展的黄金时期。无论是在政策供给还是社会资本参与方面，都为滑雪产业的发展注入了强大动力。在多方力量的共同推动下，"冰天雪地也是金山银山"的理念，为滑雪产业的发展奠定了坚实的理论基础。全国范围内新建了大量冰雪场地，形成了东北区、华北区、西北区、西南区各具特色的滑雪产业空间格局，丰富的冰雪实践预示着我国滑雪产业即

将步入高质量发展阶段。

从滑雪产业的范围来看，我国滑雪产业包括冰雪旅游、冰雪装备制造、冰雪康养、冰雪培训以及冰雪竞赛表演等多个领域，通过多元化的产品供给来满足不同需求的消费者，进而实现经济、社会与环境协调发展的体育产业目标。[①] 特别是在后疫情时代，我国经济正处于转型升级的关键阶段，滑雪产业处于初级阶段的现实状态与体育产业从追求规模速度向追求质量效益转变的高质量发展要求之间，存在着极大的发展矛盾。以满足人民群众对冰雪运动的参与需求为重要目标的我国滑雪产业，在后冬奥时期这一重要历史节点上，开启了滑雪产业发展的新篇章，并构建了奥运传承的新范本。

新时代高质量发展已成为我国思考经济社会发展问题的基本范式。然而，从当前我国滑雪产业发展现状来看，离实现高质量发展的目标还存在一定的距离。新时代我国滑雪产业升级的终极目标是高质量发展，因此，本书未采用"滑雪产业高质量发展"的表述，是基于我国滑雪产业的发展现状做出的决定。作为全球最大的初级滑雪市场，我国滑雪产业的发展还有很长的路要走。因此，我国滑雪产业升级的主要目标是高质量发展，滑雪产业的高质量发展是我国滑雪产业的终极目标。

从高质量发展的内涵来看，高质量发展是我国经济发展进入新阶段的重要特征，是从数量到质量的追赶，从规模的扩展到结构的升级，从传统要素的驱动到创新要素的驱动，从高碳增长到绿色增长的过程。[②] 因此，产业的高质量发展就是要践行创新、协调、绿色、开放、共享的新发展理念，满足人民群众美好生活的需要，通过强化创新要素对产业的驱动，实现产业效率、产品质量、产业结构和产业体系的全面优化。高质量发展是我国

① 黄海燕. 新阶段、新形势：我国体育产业发展战略前瞻［J］. 上海体育学院学报，2022，46（1）：20-31，51.

② 王一鸣. 百年大变局、高质量发展与构建新发展格局［J］. 管理世界，2020，36（12）：1-13.

滑雪产业发展的必经之路，也是构建我国高质量体育产业体系的重要组成部分。根据高质量发展的要求，从宏观看，滑雪产业的高质量发展就是在新发展理念的指引下，以构建现代化滑雪产业体系为目标，在供给、融合、创新、治理的框架内构建产品供给高质量、市场主体高质量、产业融合高质量、创新驱动高质量和治理体系高质量五大体系的过程。从中观和微观看，高质量发展意味着发展的主体、要素、过程、目标、绩效的全面转型。沿着"主体／要素—行为／过程—结果／绩效"的逻辑框架，从静态和动态的交互视角理解滑雪产业的高质量发展内涵：从静态视角看，滑雪产业高质量发展是指滑雪产业的企业主体、要素投入、产品服务、经济社会效益在数量规模、质量层次、比例结构、效益水平等方面均处于一种最优状态；从动态视角看，滑雪产业高质量发展是指滑雪产业依靠人力资本、知识、技术、品牌等高端要素，提供性能可靠、价格适中、数量适度、切合需求的产品和服务，从而实现长期利润与短期利润、经济效益与社会效益有机均衡的自我良性累积发展的动态过程。

总体而言，我国滑雪产业升级过程就是滑雪产业高质量发展的过程，至少应该具备以下特征：一是集约化节约化的生产要素投入，即土地、劳动力、资金、能源等常规生产要素的使用符合减量化原则，主导业态从劳动和资本密集型转向人力资本和知识产权密集型。二是创新驱动的发展动力，滑雪产业整体发展动力完成从要素和投资驱动向创新驱动的转换，科技创新、管理创新、组织创新、业态创新、产品创新等多维度的创新成为滑雪产业的主要发展动力。三是环境友好的发展过程，即体育产业与生态环境形成良性互动格局，滑雪产业主体自觉减少能源消耗和环境污染，并且依托滑雪产业的体验属性，使得绿色发展成为滑雪产业的内在基因。四是物美价廉的产品和服务，即滑雪企业能够以公允的价格提供数量充足、类型多样的体育产品及其配套服务，满足人民群众对美好冰雪生活的向往。五是合理共享的发展绩效，体育产业的综合绩效保持较高水平，消费者、员工、企业家等各利益相关者均能公平合理地获得与自身贡献相对应的利益。六是稳健的规模扩张，滑雪产业的数量规模仍保持一定速度的增长，无论是企业、产品还是产值和利润，均应符合中高速增长的时代要求，既奠定质量提升的数量基础，又为高质量发展提供良好预期。

二、新时代我国滑雪产业升级的基础能力分析

（一）滑雪产业自身的发展优势成为滑雪产业升级的基础

作为体育产业的一个细分类型，滑雪产业在全球发展迅猛，据估计全球约有 1.15 亿冰雪爱好者，足迹遍布 80 多个国家近 2 000 多个冰雪旅游度假村。[①] 从滑雪产业的结构来看，滑雪产业制造业和服务业结构均衡，受冰雪运动项目本身专业性强的影响，冰雪制造业的科技含量比其他运动项目大。同时，滑雪产业因自身特点能产生更多的业态融合，包括高端冰雪教育培训、满足家庭需求的滑雪度假旅游和丰富多样的冰雪竞赛表演，从而形成以冰雪运动为引领，由巨大、多元的商业项目全面对接的更长的产业链，以及庞大的冰雪消费群体构成的冰雪大市场。滑雪产业还包括冰雪度假村、中间机构、市场专家、网络媒体等利益相关方，并已发展成为高度结构化、商业组织化和利益驱动型的行业。[②] 因此，在新发展格局下，在高质量发展的基调中，滑雪产业展现出一系列发展特征和优势。

（二）滑雪产业的发展填补了我国体育产业的重要空白

滑雪产业是体育产业中季节性最为显著的产业项目，其发展填补了体育产业发展的季节空白，许多地区的体育产业活动仅限于春、夏、秋三季，

---

① ［美］西蒙·哈德森，［美］路易斯·哈德森. 冬季体育旅游［M］. 林赟，译. 北京：清华大学出版社，2019.

② 张瑞林，李凌，车雯. 冰雪体育旅游消费决策影响因素的质性研究［J］. 体育学刊，2017，24（6）：54-60.

而滑雪产业的发展使得许多地区旅游淡旺季的概念变得模糊，尤其是对南方地区的冰雪场地而言，滑雪产业的发展已成为景区吸引游客的金字招牌。成都的西岭雪山冰雪场作为南方雪场的代表，已发展成为西岭雪山最为耀眼的名片，西岭雪山的雪季（每年 12 月至次年 3 月）游客数量及由此产生的旅游收入占全年总量的 60% 以上。[①]这些建设在景区内的冰雪场成功创建了"景区 + 冰雪旅游"的商业模式，形成了我国滑雪产业发展的独特模式。我国滑雪产业发展的最终目标是构建一个具有中国特色的滑雪产业体系。大型冰雪旅游度假区的建设将成为我国滑雪产业发展的重要载体。冰雪旅游业是最具体验性的旅游项目，通过家庭参与、身体运动、自然体验等方式的融合，对旅游资源较少的冬季而言，以冰雪旅游作为主要吸引点的度假式旅游将是我国滑雪产业未来发展的重点。虽然近年受到疫情的影响，冰雪旅游业遭受一定程度的冲击，但国民参与冰雪运动的热情越发高涨。全国居民参与过冰雪运动的人数已达 3.46 亿，参与率达到 24.56%，"带动三亿人参与冰雪运动"的愿景成为现实。[②]在北京冬奥会的有力推动下，我国滑雪产业的快速发展正在改写传统的全球滑雪产业发展模式。因此，滑雪产业的高质量发展必将成为推动我国体育产业向前发展的一股重要力量。

（三）滑雪产业拓展了体育产业的地理空间

滑雪产业的发展对远距离游客的吸引和集聚能力在一般体育产业产品中是无法比拟的。从我国现有的滑雪产业目的地资源来看，我国的积雪地区主要分布在东北地区、新疆维吾尔自治区北部和青藏高原。我国积雪日数较高的地区也位于高纬度、高海拔稳定积雪区，包括东北地区、新疆维

---

① 伍斌，刘津成. 后冬奥时代中国滑雪产业发展趋势研究［J］. 中国生态旅游，2021，11（6）：938-952.

② 陶相安，杨笑雨，王永战，等. 推动冰雪运动迈上新台阶［N］. 人民日报，2022-03-18（007）.

吾尔自治区北部和唐古拉山地区，这些地区是我国能够建设大型优良冰雪场的主要区域。因此，我国现有的 48 家优良级冰雪旅游目的地都位于上述地区，此外，近年来发展较快的张家口市和北京市也包含在内。尽管南方冰雪场近年来逐渐增多，但就游客吸引力而言，国内冰雪旅游的主要目的地仍然是上述几个地区。调研显示，吉林和张家口的大型冰雪旅游度假区几乎吸引了来自全国各地的冰雪旅游爱好者。因此，冰雪旅游业的发展极大地拓展了体育旅游市场的地理空间，尤其是随着高铁的开通，进一步推动了冰雪旅游业的发展。

（四）滑雪产业将为我国乡村振兴和区域协同发展贡献力量

滑雪产业在促进地区经济发展中的作用日益凸显，尤其是冰雪旅游业，由于受资源和地理条件的限制，更适宜在拥有高海拔和冰雪资源的东北、西北和西南地区发展。长期以来，这些地区独特的地形地貌成为制约地方经济发展的不利因素，同时受区位特征、资源禀赋和项目选择等多方面的限制，在产业选择和经济发展方面都面临较大的挑战。滑雪产业能够将这些不利于地方发展的劣势资源与旅游开发相结合，成为促进乡村地区和区域经济发展的重要力量。例如，新疆维吾尔自治区阿勒泰地区的滑雪产业已成为促进地方经济发展的重要力量；万科松花湖冰雪旅游度假区积极与当地政府合作，通过产权委托、季节性用工等方式增加当地村民收入，为当地脱贫攻坚提供了关键支持。

滑雪产业在区域经济协同发展中具有独特作用。特别是 2021 年 1 月 20 日习近平总书记提出"加快建设京张体育文化旅游带"，这一重要论述为我国京津冀协同发展重大国家战略注入了新的内涵，也成为滑雪产业区域协同发展的重要行动指南。[①] 我国滑雪产业将朝着打造体育、文化、旅

---

① 武义青，李国平，张强，等. 加快建设京张体育文化旅游带（笔谈）[J]. 经济与管理，2021，35（5）：10-19.

游等综合一体的跨行业、跨地域的产业链综合发展方向迈进。

（五）制度环境成为实现滑雪产业升级的保障机制

我国滑雪产业的发展应以市场需求为导向，发挥市场的主导作用，推动我国滑雪产业的供给侧改革，实现滑雪产业的转型升级，这是我国滑雪产业发展的必然选择。然而，由于市场机制存在一些不足之处，我国滑雪产业的发展需要各级政府行政力量的干预。政府应扮演好滑雪产业转型升级的规范者和协调者的角色，从而在制度环境上为滑雪产业的转型升级提供更有力的保障机制。因此，在 2022 年北京冬奥会这一极具推动力的事件中，政府近年来出台了一系列旨在推动冰雪运动发展的政策，从法律和制度层面为我国滑雪产业建立了监督机制。同时，政府还制定了相关法律法规以规范我国滑雪产业的市场环境，防止内部恶性竞争。在东北、华北和西北等冰雪资源较为丰富的省份，各省都根据自身实际情况制定了相应的产业政策，为当地滑雪产业的发展营造了良好的制度环境。滑雪产业是一个极具融合性的产业，它具备与其他行业融合的机制和动力，政府应引导滑雪产业与旅游、文化产业积极融合，建立引导资源统筹的融合机制，最大限度地激发第三产业的附加值。

（六）要素结构变动为滑雪产业转型升级提供了行动资源

我国滑雪产业长期处于发展的初级阶段。2022 年北京冬奥会推动社会资本大量涌入滑雪产业，这使得现有发展方式、驱动方式以及对区域经济的推动方式都发生了显著变化。我国滑雪产业的发展依托于滑雪场，因此，作为滑雪产业发展上游产品的大型滑雪旅游度假区和滑雪用品及装备，都从生产要素的层面影响着滑雪产业的发展。从我国滑雪产业的实际发展情况来看，生产要素的驱动与投资方式驱动相结合，推动了滑雪产业的升级。当前，我国大型滑雪旅游度假区的投资主体主要为社会资本，因此，我国滑雪产业的升级方式和模式都与投资主体的管理模式和服务模式呈正相关。

从我国现有的生产要素变动情况来看，我国滑雪产业在政策驱动、事件驱动、科技驱动、发展方式驱动等方面的推动下，与其他产业快速融合，在发展方式上呈现出迅猛的发展态势。智慧体育、体验消费等理念都极大地丰富了滑雪产业的发展方式。从现有的调研结果来看，我国滑雪产业呈现出自身的发展特色，如万科松花湖滑雪场和万达长白山滑雪场在餐饮、住宿、培训、旅游等多元化经营中，一直在探索四季滑雪场的发展模式。在北京和河北的滑雪产业中，滑雪用品销售、滑雪培训以及滑雪竞赛表演等方面具有其他区域难以比拟的发展优势。从世界各国滑雪产业的发展来看，创新始终是主旋律。欧美各国滑雪产业的发展主要依靠国内游客推动，因此，它们都会将娱乐、时尚、文化与滑雪产业紧密结合。因此，我国滑雪产业的发展也将与休闲、体验、文化等产业紧密相连。

三、新时代我国滑雪产业升级发展新机遇

长期以来，我国滑雪产业发展一直处于初级阶段，2022 年北京冬奥会的成功举办使我国滑雪产业迎来了赛后发展的黄金时期。目前，我国滑雪产业已形成一定规模，但在发展方式上缺乏明确的市场定位，中小冰雪场地众多，核心吸引力不明确，发展业态传统，与其他产业融合动力不足，尚未形成强大的产业支撑。2022 年北京冬奥会的成功举办为我国滑雪产业转型升级提供了历史机遇。

（一）北京冬奥会加快构建滑雪产业升级发展的新格局

2022 年北京冬奥会的成功举办，使我国冰雪经济新体系初步建立，我国滑雪产业从传统的冰雪旅游主导模式向多元化发展转变，实现了滑雪产业全链条发展。以冰雪旅游、冰雪制造和冰雪文化为核心的滑雪产业新体系初步建立，如冰雪消费场景的数字化打造、冰雪旅游、冰雪文化和冰雪运动的业态融入，以及本土冰雪装备制造业的崛起，都促进了滑雪产业

新体系的建立。随着北冰南展西扩东进，冰雪经济空间得到拓展。2018—2021年，我国建成较大规模冰雪项目投资近万亿元。粤港澳大湾区成为冰上运动发展中心。室内滑雪场的兴起、西北地区滑雪场的建设，都加速了我国冰雪新空间的布局。截至2021年1月，全国已有654座标准冰场和803个室内外各类滑雪场，覆盖30个省份，较2015年分别增长317%和41%。在2022年北京冬奥会筹办期间，中央和各地政府出台了一系列促进滑雪产业发展的政策措施，构建了具有中国特色的制度体系，冰雪场地、冰雪人才、冰雪科技等多方面的体制机制创新，改变了我国传统滑雪产业的政府投资模式，具有中国特色的国家引领、市场参与、社会助力的滑雪产业发展新机制得以确立。

（二）消费升级成为我国滑雪产业升级发展的核心推动力

消费变动促使社会生产做出相应调整，是消费结构推动产业结构调整的重要动力。随着2022年北京冬奥会的成功举办，我国冰雪运动进入高速发展时期，群众冰雪运动广泛开展，基础不断扩大。随着冰雪运动参与群体的不断扩大，滑雪消费需求不断高涨，滑雪产业也迎来了爆发式的增长。随着人民群众参与滑雪运动的不断深入，滑雪运动参与者对滑雪产业的需求也在不断升级。特别是在2022年北京冬奥会的推动下，冰雪装备制造业、冰雪用品业、冰雪服务业得到大力发展，更加专业的滑雪装备、更高质量的服务和更多元化的滑雪产品得到有效供给，带动了整个滑雪运动参与群体的消费结构升级。因此，提高滑雪运动供给端的专业性、优化服务质量、丰富产品种类是推动滑雪产业向高质量发展转变的关键。滑雪消费结构升级是滑雪消费结构随着经济发展处于最佳状态下的必然过程。因此，滑雪产业的升级发展，必须充分利用滑雪消费升级的机遇，统筹发挥"消费、投资、外需"三驾马车的作用，采取有效措施加以推进。

（三）2022年北京冬奥会筹备期基础设施建设和国际参与为我国滑雪产业的高质量发展奠定基础

2022年北京冬奥会的基础设施建设为河北和北京滑雪产业的发展奠定了强大基础。冰雪基础设施的提升、生活配套设施的完善以及旅游业的紧密融合，为京津冀地区滑雪产业的发展奠定了良好的产业基础。京津冀地区滑雪产业的发展是我国滑雪产业的标杆，为各地滑雪产业的发展提供了良好的借鉴。冬奥会筹办过程中，大量基础设施的建设改进了我国滑雪产业的发展基底。"雪如意""雪飞天""冰丝带"首钢滑雪大跳台等冬奥会的明星场馆不仅是我国美好的冬奥记忆，更是我国冰雪场馆建设和赛后利用的完美典范。特别是对于张家口市崇礼区而言，高铁的开通、各种指挥设施的使用，拉近了人与物之间的距离，快速地运输游客、信息的迅速处理都极大地改善了滑雪产业的发展业态。同时，2022年北京冬奥会把我国带入全球滑雪产业的发展前沿，融入全球发展格局，为我国滑雪产业发展带来较大的国际影响力，对于延长我国冰雪发展产业链都有较大的促进作用，构建体育—旅游—产业融合发展的产业链模式，从专业冰雪到各类休闲冰雪、亲子游戏以及各类会议的举办、研学旅行和各种冬夏令营，形成滑雪产业新的吸引力。从全球滑雪产业的发展来看，受气候变化影响，滑雪产业正面临着较大的发展困境，2022年北京冬奥会的成功举办为我国滑雪产业带来发展契机，适应全球滑雪产业东亚崛起的发展趋势。北京和河北将成为我国最具魅力的滑雪产业发展地，通过发展冬季旅游、体育旅游和休闲度假，打造滑雪产业核心竞争力，构建以质量为内核的现代滑雪产业体系。

（四）更高层次的冰雪公共服务新需求助力我国滑雪产业产品体系优化

作为全球最大的初级冰雪市场，我国滑雪产业在2022年北京冬奥会的推动下，迎来了井喷式的发展。随着资本的涌入以及先进的冰雪经营管理机构的加入，我国滑雪产业产品体系日臻完善，为产业的升级增添了活力。尤其是冰雪旅游业，集挑战、运动、娱乐于一体的休闲旅游项目越来越受到欢迎，"冰天雪地转变为金山银山"已成为现实。冰雪旅游产品的开发逐渐从游览型转变为体验型，从休闲类旅游产品发展到度假类旅游产品，特别是大型冰雪度假区的兴建，各类冰雪酒店结合地域特色举办冰雪节庆活动。例如，万科松花湖度假区针对不同阶层的冰雪人群，推出了不同价位和体验度的酒店。总之，更高层次的冰雪公共服务新需求为我国滑雪产业的发展提供了广阔的市场空间，丰富了我国冰雪产品的供应，进一步释放了我国冬季旅游的发展潜力，为人民群众提供了更高品质、更高水平的产品体系，推动了我国滑雪产业的转型升级。

（五）2022年北京冬奥会遗产成为推动滑雪产业高质量发展的新引擎

2022年北京冬奥会对我国产业产生的精神引领作用不可小觑。2022年北京冬奥会丰富的场馆设施遗产为我国滑雪产业的发展留下众多的旅游吸引物，而文化和人才遗产则为我国滑雪产业与旅游产业的融合奠定了良好的发展基础，这些宝贵的遗产成为推动滑雪产业高质量发展的新引擎。在2022年北京冬奥会的申办、筹办和举办过程中形成的胸怀大局、自信开放、迎难而上、追求卓越、共创未来的北京冬奥精神，已成为新时代中国人的奋斗目标，成为激励全国人民在新时代建设中国特色社会主义的强大精神动力，也理应成为我国滑雪产业高质量发展的价值导向和精神动力，激发各界冰雪人士团结奋进、不断前进，促进滑雪产业高质量发展的精气神，成为激励冰雪人奋发图强、勇往直前的磅礴力量。

（六）滑雪产业的创新与融合为滑雪产业的高质量发展注入新动力

随着数字技术与滑雪产业的深度融合，冰雪运动新场景的多元化开发，新技术、新模式、新业态为消费者带来了高品质的冰雪新体验，实现了冰雪运动场景从"运动场"到"网红打卡地"的转变。数字体育对滑雪产业全领域、全场景和全流程的创新与共创，成为滑雪产业高质量发展的重要驱动力。冰雪装备的数智化生产，冰雪竞赛的互动转播，冰雪场景和电子竞技的场景叠加，复合型冰雪消费场景的打造，都激发了滑雪产业的消费活力。滑雪产业的跨界延伸不仅加速了消费升级，还促进了滑雪产业与其他产业的融合，从而提高了产业的附加值。2022年北京冬奥会的举办为滑雪产业与制造业、文化产业、旅游产业的融合提供了途径。多链融合的发展理念将推动人们对冰雪的内在需求发生改变，滑雪产业发展中的多链融合将是未来发展的重要方向。目前，各地通过举办冰雪节、冰雪活动等吸引投资的举措，将是滑雪产业与旅游产业以及文化产业融合的重要标志。

四、新时代我国滑雪产业升级发展的动力变革

后冬奥时期，我国滑雪产业在利用2022年北京冬奥会丰富遗产的基础上，践行"冰天雪地也是金山银山"的理念[①]，走出了一条适合我国冰雪国情的中国特色滑雪产业发展之路。我国也将迎来滑雪产业新的发展阶段，消费模式的变革以及资本和技术的催化加速了产业和消费的双向升级，为冰雪体育产业注入了新的活力，增强了冰雪消费的动力，这赋予了滑雪产业高质量发展的新驱动力，如图3-1所示。滑雪产业的市场结构、服务流程、资源配置方式甚至商业逻辑都经历了重大转变，为滑雪产业的高质量发展奠定了坚实的基础。

---

① 王珂. 推动冰雪旅游高质量发展［N］. 人民日报，2022-03-17（015）.

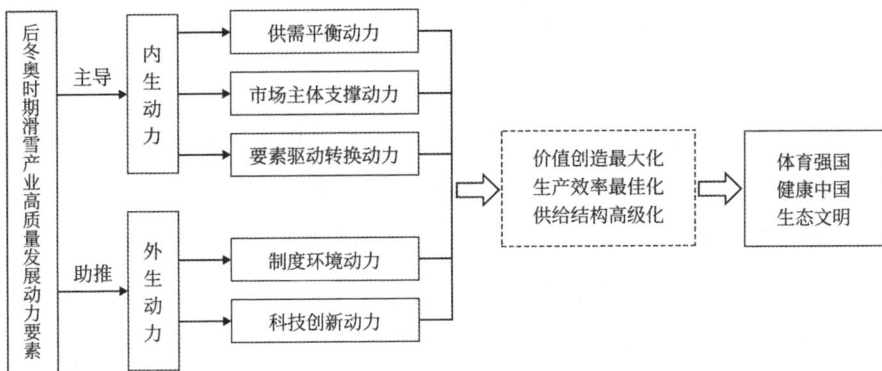

图 3-1　后冬奥时期滑雪产业高质量发展动力结构

（一）供需平衡动力：双向驱动下的滑雪产业需求多元化

新的供给和需求成为推动滑雪产业发展的两大关键因素。在"十四五"期间，我国的冰雪体育产业发展将进入需求驱动期。疫情常态化和消费升级倒逼我国滑雪产业市场需求结构加速调整。受"双减"政策和"体教融合"双向推动，中等收入人群和青少年成为我国冰雪体育产业的主要消费人群。多元化、个性化、定制化、体验化和享受型的市场需求将有效驱动供给，创造新需求。根据近年来冰雪旅游预订数据，各大在线旅游平台在"双11"期间的冰雪旅游产品预订销量呈现爆发式增长。冰雪旅游度假已成为冰雪体育产业高质量发展的重点领域。同时，滑雪产业开始与旅游、文化、物流等产业进行深度融合，如长白山的冬季漂流和滑雪、王者荣耀推出的冰雪主题皮肤、德邦物流的"雪具达"等跨界产品满足了人们参与冰雪运动的多样需求。增加冰雪运动项目和服务的多样性将进一步拓宽冰雪体育产业的边界，而冰雪项目的扩展、冰雪俱乐部的迅速成长以及冰雪运动培训市场的多元化和专业化运营都将有力推动冰雪体育产业结构的优化。

（二）市场主体支撑动力：营商环境优化和资本驱动下的市场主体壮大

国家政策的推动、人均消费能力的提升以及资本的积极介入，成为推动我国冰雪体育产业高质量发展的重要引擎。各类资本，包括以融创文旅为代表的头部房地产企业，开始瞄准室内滑雪场，而冰雪培训业和冰雪科技类企业也逐渐成为资本青睐的对象。自 2021 年 1 月起，已有奥雪文化、SNOW51、极限之路、滑呗、GOSKI 等滑雪创业公司获得数千万元的融资，累计涉及融资额逾 3.4 亿元。其中，滑雪智能科技公司滑呗获大资本高瓴创投独家投资 4 000 万元。同样值得关注的是，滑雪培训机构雪乐山于 2021 年 12 月完成了新一轮融资，融资金额达到 1 亿元，由正心投资领投。资本的持续投入正在逐渐改变着冰雪体育产业的格局。政策与资本的助力，冰雪与零售、教育、旅游的交叉融合驱动冰雪体育产业的转型。

在习近平总书记"冰天雪地也是金山银山"的重要指示下，各拥有丰富冰雪资源的省份都加大力度改善自身冰雪体育产业的营商环境。我国密集发布了一系列政策，聚焦冰雪体育产业营商环境的改善；吉林省通过高层推动和政策协调联动，统筹各部门职能，在用地、投融资、财税、教育、交通等方面提出多项优惠政策；河北省重点发展冰雪装备制造业，突出发展冰雪旅游业。我国冰雪体育产业的市场环境、政务环境、人才环境得到有效改善，激发了冰雪体育市场主体的活力。据天眼查官方统计，截至 2021 年 10 月，我国已有 8 000 多家企业从事与冰雪运动相关的业务，其中约 55% 的企业成立于近 5 年，且处于正常营运状态。

（三）要素驱动转换动力：要素结构变动为滑雪产业的高质量发展提供了行动资源

新经济增长理论认为，经济发展质量的提升是在要素禀赋和制度环境的双重作用下，通过技术管理创新提高生产效率、提升品质、促进产业结构优化的过程。要素结构作为产业发展必备的行动资源，其变动对于滑雪产业质量的提升具有关键性作用。在制度环境的保障下，高技术含量的资本、高素质的劳动力、高效的数据处理方式等都为滑雪产业的发展提供了行动资源，从而推动产业服务创新、产品创新、组织创新，进而促进滑雪产业的结构优化，实现产业的高端化，提升产业的关联度。[①] 我国滑雪产业在 2022 年北京冬奥会成功举办后，吸引了大量社会资本投入，这为我国滑雪产业现有的发展方式、驱动方式以及对区域经济的推动带来了深刻变革。作为滑雪产业发展上游产品的大型冰雪旅游度假区和冰雪用品装备，都从生产要素的方面影响着滑雪产业的发展。新的技术在滑雪产业中的应用，科技助力 2022 年北京冬奥会取得丰硕成果，先进的冰雪场馆、全程 4K 超高清格式转播、360 度回放的沉浸式观赛等先进技术都为滑雪产业的高质量发展提供了科技助力。[②]

（四）制度环境动力：政策环境的优越奠定滑雪产业高质量发展的制度根基

自我国申办冬奥会以来，国家颁布了一系列促进冰雪运动和冰雪产业发展的政策文件，这些文件也成为我国滑雪产业发展的重要依据，构建起具有中国特色的滑雪产业政策体系，从而推动我国滑雪产业发展进入快车道。从我国经济发展的特点来看，我国滑雪产业的高质量发展必须充分发挥有为政府的重要作用，整合形成一套符合滑雪产业发展规划、促进滑雪运动产业发展的政策体系。具体而言，有效的滑雪产业政策供给应根据新时代新征程下滑雪产业发展的最新形势，及时调整滑雪产业的发展方向，同时协调各利益相关者之间的利益关系，规范滑雪产业市场主体行为，发挥政府在滑雪产业中的重要作用。一方面，政府政策制度的制定要坚持以问题、目标、结果为导向的政策定位，做好持续有效的政府政策供应。另

① 刘英基，韩元军．要素结构变动、制度环境与旅游经济高质量发展［J］．旅游学刊，2020，35（3）：28-38.

② 王亮，刘若轩，景灏．科技创新点亮冰雪盛会［N］．人民日报，2022-03-19（005）．

一方面，做好政府和市场之间的协同，明确在滑雪产业发展中政府行为的边界，通过市场主体培育、财政补贴、减税降费等多种形式强化市场在产业发展中的重要作用，使市场主体积极参与冰雪产品和服务的创新，实现资源要素的高效配置，从而做好滑雪产业中的要素优化和供需均衡。

（五）科技创新动力：新经济驱动滑雪产业的高质量发展创新变革

新时代下，滑雪产业的重要创新在于数字技术的应用。滑雪产业的数字化转型是新时代下滑雪产业高质量发展的时代命题。数字技术作为一种新型工具服务于滑雪产业升级过程，依据各种冰雪 App、智能出行、物联网、云计算、大数据和人工智能等数字技术活跃在滑雪运动发展的各个领域，助推滑雪产业发展在供给理念、内容、方式等方面的全方位变革。数字技术通过敏锐的信息感知、深度的信息挖掘功能优势，在海量数据中识别有效信息，精准识别人民群众多层次、个性化、即时性的滑雪服务诉求，从而丰富和扩展滑雪服务的供给内容，为滑雪产业的高质量发展提供依据。同时，数字技术能强化滑雪服务供给主体和供给资源之间的质量管理，提升基层滑雪服务的供给能力。特别是在基层滑雪公共服务体系构建中，数字技术日益成为驱动滑雪公共服务体系的核心力量，通过与现有滑雪产品和服务的双向融合，不断推进治理理念和服务理念的创新，供需模式的优化，从而消除滑雪服务供需之间的物理障碍和信息障碍，持续推动滑雪产业的转型升级。

五、本章小结

2022 年北京冬奥会的成功举办为我国冰雪运动和滑雪产业的发展带来了前所未有的机遇。在经济新常态下，随着国民参与冰雪运动能力的明显提升，国家政策全面推动冰雪运动与滑雪产业的发展，因此，正确认识并培育新时代我国滑雪产业的市场机遇，是推动我国滑雪产业升级与高质量发展的重要基础。

第四章　新时代我国滑雪产业升级的问题和困境分析

我国滑雪产业的升级并非简单的新业态替代旧业态，而是在原有产业基础上拓展发展空间、转变发展方式、提升发展效益的过程。在分析当前产业发展状况后发现，我国滑雪产业在迈向高质量发展过程中面临许多问题和困境。为此，对我国滑雪产业问题和困境进行分析有助于我们了解我国滑雪产业的不足之处，为提升滑雪产业的高质量发展提供指引。

一、我国滑雪产业应对转型升级发展战略的短板

尽管我国滑雪产业取得了较好的成果，但由于我国冰雪资源分布等客观因素的影响，与国际冬季项目强国相比，我国滑雪产业仍面临着群众参与面不广、产业基础薄弱等问题，这也是后冬奥时期我国滑雪产业高质量发展的重要桎梏。

（一）滑雪产业政策动力推动不足，有效措施落地困难

政策刺激未能有效转化为现实推进措施，未能从根本上激发群众参与冰雪运动的意识，条件性支撑和动力保障措施不足。现阶段我国许多冰雪

运动政策主体已经趋于多部门化，例如《冰雪运动发展规划（2016—2025年）》由国家体育总局、国家发展改革委、教育部、文化和旅游部4个部委联合制定，又如《全国冰雪场地设施建设规划（2016—2022年）》由国家体育总局、国家发展改革委、工业和信息化部、财政部、自然资源部、文化和旅游部、住房和城乡建设部7个部委联合下发。政策的多部门协同有利于综合各方利益、信息和资源，为滑雪产业协调发展做出更多贡献，然而政策在于执行，由于我国各部门对滑雪产业的认知存在分歧，在政策执行阶段，部门权责不清的情况频现，许多政策在地方得不到有效细化，实际执行效果不足，未能形成有序联动的政策协同布局。滑雪产业政策的执行仍局限于体育部门、旅游部门，教育部门等，其他部门难以有效落实。各省在政策具体细化落实方面，河北省、吉林省出台了较为详细的滑雪产业部门联动政策，特别是2018年吉林省强力推动实施《全面推进滑雪产业发展的"十大工程"任务清单》，落实78项任务，统筹各个职能部门，在用地、投融资、财税、教育、交通等方面提出多项优惠政策，并为吉林省冰雪运动的普及和产业发展奠定了良好的基础。其他省份尚未见到具体细化落实政策。

（二）管理体制制约有效滑雪产品的产出

我国是拥有国有滑雪场最多的国家，一些滑雪场在建设初期是为举办大型比赛而建设的，属于政府所属的事业单位。这些滑雪场除了承担比赛任务外，也提供社会公共服务，导致滑雪场在建设初期并未作为一个独立的市场主体来考虑，而是作为为人民提供公共服务的事业单位，因此缺乏充分的自由参与市场竞争。而各地方政府也满足于现有的状况，错失了我国滑雪产业发展的黄金时期。陈旧的管理体制带来了较多问题，所有权和经营权的无法分离也导致滑雪场缺乏经营自主权。[①] 此外，滑雪场与上级

① Dobos I，Richter K. The integer EOQ repair and waste disposal model–further analysis ［J］. *Central European Journal of Operations Research*，2000，8（2）：173-194.

体育主管部门之间关系复杂，存在权责不清、利益不分的问题。同时，由于在我国滑雪产业中市场机制尚未完全运转，导致资源组合困难，缺乏市场竞争力。尽管政府利用公共资金短期内建设了一定规模的滑雪场，为我国滑雪产业的快速发展提供了动力，但政府在滑雪产业中的多重身份，也为我国滑雪产业的发展带来强大的体制制约，减少了滑雪产业的有效供给。

（三）滑雪人口转化率低，技能门槛降低消费黏性

尽管我国已实现"带动三亿人参与冰雪运动"的目标，但我们仍需意识到我国从冰雪大国到冰雪强国的道路还很漫长。第一，滑雪消费人群渗透率仍然较低，群众滑雪运动发展还未能形成对滑雪人口的有效支撑。我国拥有全球最大的初级滑雪者市场，据统计，目前我国滑雪渗透率仅为1%（严格意义上的滑雪人口应是每年滑雪3次及以上的居民，因此，实际滑雪渗透率不足1%），相较于美国和日本的8%～9%仍存在差距，远远落后于世界排名第一的滑雪大国瑞士的35%。2020—2021年雪季，国内滑雪场人均滑雪次数为1.9次，消费黏性逐渐显现，但与日本的2.5次和滑雪频次最高的奥地利的6次相比仍有一定差距。第二，年龄结构不合理，雪上运动以青年为主。根据《"带动三亿人参与冰雪运动"统计调查报告》显示，随着年龄的增长，冰雪运动的参与率和参与人数呈下降趋势。18～30岁的青年群体是参与冰雪运动的"主力军"，占总参与人数的37.27%，60岁以上的群体在冰雪运动方面参与率最低，仅为13.09%。吸引更多群体积极参与到冰雪运动中来，应成为政府部门重点思考的问题。第三，滑雪运动技能水平整体较低，未形成冰雪项目引导的技能推动体系，根据《"带动三亿人参与冰雪运动"统计调查报告》显示，参与民俗冰雪运动人数达1.87亿，冰雪观赏体验类人数达1.6亿，但实际参与冰雪运动人数仅有0.8亿；38.43%的参与者一年内只参与过1～2次冰雪活动，而一年参与3次以上的人仅占11.02%。冰雪运动本身对参与者技能要求较高，影响冰雪运动的参与率。因此，着重扩大冰雪参与人口，培养冰雪技能，

鼓励更多人基于兴趣和热爱参与冰雪运动将是持续推进冰雪运动的重点。第四，尚未建立符合我国国情和项目发展规律的教学体系和教练培训体系，教练水平严重制约冰雪初学者的留存率。我国滑雪运动相关培训服务标准缺失，导致冰雪运动培训标准化程度不高。目前，国内滑雪培训市场仍参考英国、美国、加拿大、澳大利亚、法国、奥地利、日本、新西兰等国家的滑雪教练体系，各国体系各有特点，导致国内雪场根据自身特殊情况采用不同的培训体系，也造成了初级滑雪市场的培训需求与滑雪指导员数量之间的严重不平衡。

（四）滑雪产业外热内冷情况明显，消费场景与产品供给不足

"体验式"冰雪是我国冰雪市场的主要特征。然而，冰雪运动与消费者之间的持续互动尚未充分有效地实现。受制于基础设施状况和冰雪项目技术门槛等因素，消费者主动参与冰雪运动的意愿不足，致使冰雪运动参与者向冰雪市场的转化率偏低。据《"带动三亿人参与冰雪运动"统计调查报告》显示，超过 50% 的受访群体认为"附近缺少冰雪运动场所"是阻碍其参与冰雪运动的主要因素。我国滑雪产业链建设和冰雪消费场景营造尚处于初级阶段。当下，民众的消费需求逐渐向多样化、个性化、高端化转变，对产品品质和质量提出了更高的要求。然而，我国滑雪产业对细分消费市场和客源群体的认知不足，未能激发场景价值，增强游客的参与感和沉浸感，导致冰雪消费同质化、同构化。日本于 1972 年札幌冬奥会后，北海道构建了"体育—旅游—产业融合共生"的现代滑雪产业链，涵盖了从专业到业余多个层级的滑雪者，同时囊括游乐、观光、温泉、美食和旅游交通等领域，构建了对全球滑雪爱好者和游客的核心吸引力，游客数量突破 7 000 万，构筑了 50 年长期发展的基础，形成了北海道旅游冬夏两个传统的旅游旺季。[①] 我国滑雪产业面临一系列问题，如冰雪装备制造业的

---

① 金准. 冬奥会带来的旅游业高质量发展契机——以 1972 年札幌冬奥会为例 [J]. 旅游学刊，2020，35（4）：3-5.

低端徘徊、冰雪竞赛表演业的创新不足、品牌缺失等。当前国内冰雪运动装备中高端市场基本被国外品牌垄断，本土冰雪装备企业相对较小，硬件供应链不成熟，头部大企业缺乏，创新能力不足，这是短期内难以突破的瓶颈。

鉴于我国冰雪场地受基础设施条件和冰雪项目技术门槛的制约，众多地区在冰雪运动普及和冰雪消费场景构建方面都处于初级起步阶段，消费者主动参与冰雪运动的意愿不足。滑雪场地设施的数量不多，规格不高，滑雪产业用地供给不足。我国现有的滑雪场中，目的地度假型滑雪场仅有21家，占3%，其中大型目的地滑雪度假村仅有10家；雪道面积超过30公顷的雪场仅有34家，占比4.76%；垂直落差超过300米的雪场仅有28家，占比3.92%。总体而言，冰雪场馆的整体质量欠佳。同时，现行的滑雪产业土地政策存在落实难的问题。

（五）滑雪产业多业态融合不畅，难以实现多赢

滑雪产业的高质量发展需完备的产业链支撑。尽管我国在筹备2022年北京冬奥会的过程中，滑雪产业的各种业态有了显著的发展，但与世界冰雪强国相比仍存在差距，尚未形成高质量发展所需的产业结构和融合态势。国内许多产业的发展水平仍处于起步阶段。我国现有的滑雪产业融合度低、层次浅，产业规模效应和品牌效应不明显，优势业态不优，发展深度不够，带动能力不强，缺乏特色产业，难以创造更大的经济价值和社会效益。滑雪产业开发中的规划不足导致冰雪资源价值大打折扣，冰天雪地的资源价值未能得到充分释放。例如，低温气候的空间资源、寒地生态资源、冰天雪地独有的人文资源都未与冰雪深度融合。在体旅融合、文旅融合的大背景下，滑雪产业与其他产业之间的融合仍停留在形式植入的初级阶段，尚未实现深度融合下的叠加效应，同时产业间融合缺乏创意，创新融合不足，导致产品同质化，消费吸引力不足，经济效益受限。

（六）基础设施和优质滑雪服务供给不足

从产业发展纵向视角来看，我国滑雪场数量众多，但就拖挂式索道等代表大型滑雪场基础设施的数据而言，我国的滑雪场基础条件并不具优势，滞后于国际滑雪大区的发展水平。此外，我国滑雪场多数为中小型滑雪场，大型滑雪旅游度假区较少，致使我国滑雪产业的供给受基础设施短板的限制。同时，我国滑雪场在服务产品的生产、营销和升级方面仍有不足，滑雪服务的供给面临诸多问题。究其缘由，主要是在滑雪服务的供给过程中，从业人员、服务产品质量、相关行业标准、价格机制、诚信机制、安全运行、体验文化等方面都缺乏相应的规划与监管，导致我国滑雪服务标准化程度较低，滑雪体验质量欠佳，影响了滑雪产品的价值创造力。

（七）滑雪设备和装备制造的低端徘徊限制有效供给产出

我国滑雪产业具备丰富的资源优势，特别是在滑雪设备和装备制造业领域，东北老工业基地的基础优势和滑雪产业早期发展的机遇优势为我国滑雪装备和设备制造业的发展营造了良好条件。然而，我国的滑雪设备和装备制造业发展相对迟缓，滑雪装备制造一直处于"贴牌"生产阶段。以我国唯一一家自主生产滑冰鞋的企业——"黑龙"冰刀厂为例，在调研中销售人员表示，"黑龙"滑雪板的诸多原材料都在南方生产，仅在黑龙江进行组装，企业缺乏核心技术。我国的滑雪设备和装备制造企业缺乏自身的知识品牌与核心技术，未形成与国际大品牌同场竞技的能力，未能在市场中立足。我国滑雪装备和设备制造业的发展任重而道远。

（八）人才储备及培养不足，降低了有效供给的效率

滑雪产业的发展必须依靠人的带动。人力资源的储备直接决定其发展的速度与成就。我国滑雪产业人才供给不足，人才供给结构与市场需求的矛盾是制约我国滑雪产业发展的关键原因。当下，我国滑雪产业缺乏专业人才，尤其缺乏体育管理和营销方面的高级人才。此外，滑雪产业从业人

员标准不高，致使滑雪服务业的标准亦随之降低，因此，哪个区域在储备及培养具有国际管理水平及专业技术的滑雪人才方面抢占先机，哪个区域的滑雪资源价值实现发展就拥有了主动权与巨大的潜力。①

二、我国滑雪产业应对转型升级发展的困境解析

（一）定位困境——制约滑雪产业升级的前提要素

滑雪产业作为独立的产业体系，其核心产品围绕滑雪主题服务展开，旨在实现体育产业活动的深层异化和深化。该产业使人们暂离日常生活环境，通过参与或观赏的形式，以灵活的滑雪运动和旅游行为为载体的一种休闲体验式社会现象。定位困境从表面上看是基本概念和基本性定位不明确，更深层次的原因是滑雪产业划分不明确。滑雪产业面临的定位困境主要体现在产品特色不显著及相比国际市场的认可度偏低。目前，我国滑雪产业在自我定位方面倾向于追求短期经济利益。最主要的滑雪旅游产品仍停留在以运动为主要特征的初级阶段。游客往往只是将滑雪当作一种运动和休闲的方式，而未将其视为一个独立的产品看待。这种模糊式的市场定位在产业初期虽能提供最原始的积累，但从长远来看，理性地定位产品并构建品牌才是产业发展的正确方向。

（二）规划困境——制约滑雪产业升级的关键要素

我国滑雪产业的发展仍处于发展的初级阶段。我国滑雪产业开始于滑雪竞技活动，在此基础上发展的滑雪产业很容易被认为是体育产业的一部分，忽略了其旅游产业的本质。即使属于旅游产业的滑雪旅游，有时也被旅行社作为推荐活动的一个附属产品，忽视了滑雪旅游最关键的本质特征即体验，这种以人与自然资源互动参与为外在表现的体验文化，正是滑雪

---

① 唐云松，赵宏宇，李松梅. 滑雪旅游产业［M］. 哈尔滨：黑龙江教育出版社，2009.

产业发展的关键。所以作为我国滑雪产业发展重要载体的滑雪场，在规划过程中往往偏重竞技或娱乐，难以满足游客对产品的多种需求。同时，我国在滑雪旅游规划方面缺失人才，在滑雪产业全域发展过程中，滑雪场的建设、特色旅游小镇的规划，体育业和旅游业在其中以何种形式有机结合都是滑雪产业全域发展的重要问题。

相较于其他旅游度假，滑雪旅游地的规划更依赖自然地理条件，如降雪情况和地形地貌。一般来说，滑雪场的规划必须对自然条件、市场需求和游客容量进行客观合理的评价和测算，包括滑雪区域的选址、设施规划、需求分析、游客容量测算、山地基地规划、滑雪地不动产规划、活动项目规划、环境保护规划等多个方面。这些规划的制定需要众多专业人才和技术支持，它们奠定了滑雪产业发展的基础。

（三）产业布局和结构困境——制约滑雪产业升级的关键障碍

我国的滑雪产业正处于快速成长阶段，市场潜力巨大，但尚未形成省与省之间的客源竞争区域，导致滑雪产业长期处于低水平竞争状态，区域化合作机制不健全。随着我国滑雪产业的发展，许多滑雪场纷纷兴建。然而，我国在滑雪场的开发建设及相关学科和技术研究方面存在不足，缺乏理论指导，在开发前期往往缺乏合理的论证和规划，导致选址不合理。同时，忽视了对宏观产业背景环境的研究，区域定位亦不合理。虽然在开发时滑雪场的定位是融观光、度假、滑雪等功能于一体的大型滑雪旅游度假区，但实际开发结果常常是单一体验的场所。我国滑雪产业在竞争过程中充斥着大量伤害行业发展的短期行为，不正当竞争手段破坏了行业的正常发展环境，使得市场条件不断恶化，经营者无法有效配置资源，导致企业效益下降，陷入恶性循环的"囚徒困境"。因此，在滑雪产业发展过程中，如何运用市场和政府的功能解决产品结构和布局的困境成为产业升级的瓶颈。

（四）产品开发困境——制约滑雪产业升级的基础性要素

从本质上来看，滑雪产业中的滑雪旅游产品属于一种体验式消费，按照体验经济的理念，体验消费的畅爽体验和积极情绪将直接影响体验消费，从而影响游客的忠诚度。[1] 旅游体验的终极目标是追求快乐或愉悦，创造的价值源于游客内心的体验。然而，我国滑雪产业在发展过程中却频繁出现由于滑雪旅游产品质量参差不齐而干扰产业正常发展的状况。由于我国的滑雪旅游产品一直处于开发的初级阶段，档次低、功能不全、不注重游客的畅爽体验，从而影响了游客的消费情绪。从简单的滑雪一日游到后续的滑雪摄影游，单一的产品体系限制了滑雪旅游的发展空间。特别是在全域旅游发展的背景下，如何从体验消费的视角审视滑雪旅游产品，如何实现从以往的简单体验到深入体验滑雪运动刺激感，成为我国滑雪产业全域发展中的关键要素。

（五）销售困境——制约滑雪产业升级的关键要素

滑雪产业销售产品的特殊性在于，其产品在生产的同时即被消费，滑雪旅游产品的消费是一个自我再生产的过程。[2] 在传统销售中，大部分滑雪旅游产品仍采用散客消费的模式，主要通过滑雪俱乐部销售。该渠道因其专业性及规模优势而突出，但在滑雪产业全域发展的过程中，这种模式容易导致销售困境。一方面，散客消费模式可能使经营主体忽视新销售渠道的开发；另一方面，俱乐部的专业性很容易造成消费人群对滑雪产业认识的短视。[3] 因此，如何借助"互联网+"理念，根据滑雪旅

---

[1]　Csikszentmihalyi M. *Beyond boredom and anxiety*［M］. San Francisco. CA: Jossey-Bass, 1975.

[2]　王玲. 国内外滑雪产业开发与研究述评［J］. 生态经济, 2010（3）: 66-70.

[3]　李玉新, 高学民. 我国滑雪旅游产业发展战略分析［J］. 体育文化导刊, 2010（2）: 57-59.

游产品的特征开发新的销售渠道，从而更有效地推广滑雪旅游产品成为关键所在。

（六）购买困境——制约滑雪产业升级的直接体现

购买作为产业发展链条中的最末端活动，直接反映了滑雪产业发展的状况。滑雪产业存在的购买困境主要源于市场细分不足和定价策略的不足。

由于我国滑雪产业发展在很长一段时间都被认为是高消费项目[①]，同时也被认为是危险系数较高的活动，加之产品的单一性，使得多数消费者对此类旅游项目持保留态度。如何让消费者被滑雪运动魅力吸引，是提升滑雪产业升级的重要议题。

对滑雪产业市场的细分，准确评估滑雪旅游人口是滑雪产业面临的重要问题。研究显示，年轻人是滑雪旅游的主要人群，由于滑雪的运动性特点以及相对高昂的费用，它只能吸引54岁以下且富裕的消费者。因此，合理的市场定位有助于更好地洞察滑雪爱好者的需求，并提高对客源市场预测的准确性。同时，改变消费者对于滑雪旅游的看法也很重要。滑雪旅游市场所面临的局面是需重塑滑雪的形象——令人愉悦、着迷的感觉，山脉的壮观以及滑雪后所带来的征服感和自豪感，但如何通过改变对滑雪的态度来增加产品的购买，这一点确实具有挑战性。

（七）营销困境——制约滑雪产业升级的重要手段

第三产业的发展更多地需要对服务的认可，不同的人群对服务的认可标准是不同的，因此，针对不同消费者群体的营销策略也有所不同。如何针对老龄化市场、家庭市场、青少年市场、远程市场和女性市场采取适宜的营销策略，成为未来滑雪旅游全域发展的重要研究议题。随着老年滑雪

---

① 靳英华. 中国体育产业发展方式转变的国内外背景［N］. 中国体育报，2013-3-15.

者和家庭滑雪者的增多，以及年轻人对单板滑雪的越发喜爱，滑雪度假地和运营商必须采取多样化的营销手段，提供丰富多元的服务，以吸引更多的人群。

我国现有的滑雪产业营销模式主要是基于滑雪爱好者与非滑雪爱好者，即普通体验者的划分，尽管在某些地区进行了市场细分，但总体上尚未形成系统的营销理论，营销策略相对单一。应根据区域地貌和文化的差异，打造具有差异性的滑雪旅游产品，针对不同人群采取不同的营销策略，从而使滑雪产品与服务更为丰富和多元。

（八）投融资困境——制约滑雪产业升级的助推手段

在滑雪产业全域发展的过程中，投融资是非常关键的驱动。[①] 对未来滑雪产业的升级而言，投融资渠道必将呈现多元化发展。特别是在我国，滑雪产业升级必须依托大型滑雪旅游度假区的建设为基础。大型滑雪旅游度假区作为产业发展的核心，具有投资人、回报期长、初期经营效益较差等特点，有时还需政府和社会的共同投资和参与。现有的创新投资方式包括 BOT、PPP 等模式，但是在这类创新的投融资模式中，政府与市场各自如何有效发挥作用，成为滑雪产业升级的难题。

三、本章小结

通过分析新时代我国滑雪产业的发展实践可以看出，2022 年北京冬奥会成功举办为我国滑雪产业带来了良好的发展机遇。特别是在后冬奥会时期，随着居民消费水平的提升和冬奥效应的显现，我国滑雪产业进入了高

---

① 阚军常，王飞. 冬奥战略目标下我国滑雪产业升级的驱动因子与创新路径［J］. 体育科学，2016（6）：13–20.

质量发展阶段，滑雪产业发展环境和动力都经历了重要的变革。因此，在新时代，我国滑雪产业的高质量发展必须解决存在的问题，化解升级发展的困境，坚持中国特色，根据我国的具体情况，建设符合中国特色的滑雪产业高质量发展模式。

第五章　新时代我国滑雪产业升级的需求判断和精准供给

  随着 2022 年北京冬奥会的成功举办，我国滑雪产业升级的需求判断和精准供给已成为该行业的核心议题，这体现了生活化冰雪理念在滑雪产业升级中的重要实践。本章结合生活化冰雪的特征和基本逻辑，从爱冰雪、会冰雪、懂冰雪、能冰雪 4 个方面，探讨我国滑雪产业升级的多维度需求，并在此基础上，对供给方面进行精准的设计，从而锚定后冬奥时期我国滑雪产业升级的现实目标，如图 5-1 所示。

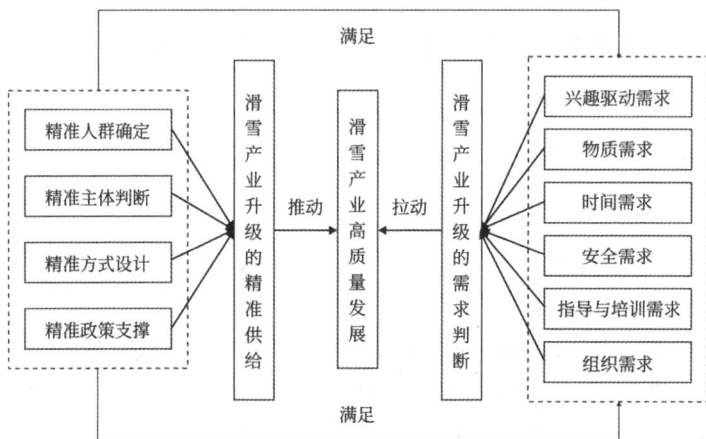

图 5-1　新时代我国滑雪产业升级供需体系设计

一、我国滑雪产业升级的需求判断

2022 年北京冬奥会结束后，我国滑雪产业的升级在需求上首先是要满足冰雪运动参与者的参与需要。[①] 冰雪运动的参与不仅是身体与意识联动的个体行为表现，还包括参与动机、参与行为、参与方式和参与体验等多个方面。[②] 具体表现为自身动机意识在内外环境的浸润下外化为个人的行为模式，并通过直接及间接的参与方式，最终形成驱动性冰雪运动参与体验。根据对我国冰雪运动参与现状的调研，滑雪产业升级的需求主要可以分为直接性参与和间接性参与两大类。直接性参与主要包括兴趣驱动需求、物质需求、时间需求、安全需求等方面，而间接性参与主要围绕指导和组织需求展开。通过深入分析参与行为、参与方式和参与体验，能够"自下而上"地揭示人民群众参与冰雪运动的关键领域和任务。

（一）滑雪产业升级的兴趣驱动需求：运动体验与身份认知

滑雪产业的升级离不开参与者对运动的兴趣，而维持兴趣的关键在于参与者良好的运动体验和冰雪运动服务方对其身份的合理认知。

根据中国大百科全书数据库中对"体验"的解释，体验主要指经历和实地领会。显然，良好的体验感能够提升运动参与者的运动诉求并引导其持续参与。[③] 如果个体在参与体育活动过程中的体验质量下降，满意度也

---

① 王飞. 后冬奥时期冰雪运动公共服务的多维需求与精准供给［J］. 北京体育大学学报，2022，45（5）：109–120.

② 董取胜，柯勇. 运动健身参与如何影响社会归属感——基于网球运动健身者的质性分析［J］. 西安体育学院学报，2022，39（4）：453–461.

③ 邵雪梅，邱丽，张琪，等. 休闲体育消费动机对行为意愿的影响：休闲涉入与体验质量的双重中介效应［J］. 西安体育学院学报，2021，38（2）：174–181.

会随之降低，导致其失去兴趣，停止再次参与此类活动。[1] 滑雪产业升级的关键在于增强参与者的体验感，以持续激发大众对全民健身的消费兴趣和行为意愿，增强参与黏性。因此，各类滑雪场、俱乐部、冰雪运动协会等应以公众价值诉求为起点，通过合理规划冰雪运动场景、组织趣味活动、提供优质服务等方式，提升参与者在场景、身体和心灵层面的体验感，满足大众参与冰雪运动的需求。

激发兴趣不仅需要增加参与者的体验，还需要服务方对参与者的身份有所认知。随着人民生活水平的提高，公众对体育的热情从"观赏"层面逐渐转向"参与"层面，体育精神被具象化到生活实践中，尤其是在中等收入及以上的群体已不再仅仅满足于物质享受，体育活动为个体的抽象需求提供了具体满足渠道[2]，成为个体能够证明自己、激发自信的有效方式。冰雪运动作为符合上述特征的项目，受到了大众的广泛关注。特别是滑雪，它对参与者的身体、技能等有较高的要求，内心感兴趣与身体条件允许成为区别于其他群体的特征。休验者、初学者、爱好者及其家庭成员也构成了目前大众冰雪运动的主流参与群体，其主要目的是强身健体、释放压力、缓解情绪、亲近自然等。另外，随着冰雪运动近年来在我国成为一项时尚体育项目以及自媒体的普及，参与者通过"晒"运动、"晒"照片等行为表象下，体现出参与者展示和互动诉求。因此，冰雪场馆、俱乐部等服务方需针对不同的群体开展有针对性的体验和推广活动，提供更专业的指导服务，以助推冰雪运动参与者在自我追求和主体性表达的掌控感回归，巩固他们的运动兴趣。

---

① 王露露，陈丹，高晓波. 我国健身休闲产业发展中的阻力及对策［C］//中国体育科学学会. 第十一届全国体育科学大会论文摘要汇编. 广州：华南理工大学体育学院；华南理工大学广东省体育产业发展研究基地，2019：2.

② 王舜. 时尚消费与具身化体验：户外极限跑者的身份建构研究［J］. 体育与科学，2021，42（6）：96-102.

（二）滑雪产业升级的物质需求：场地设备与经费支付

1. 滑雪产业升级的场地设施需求

场地设施是冰雪运动开展的基础，也是滑雪产业升级的最基本需求。冰雪运动场地设施主要包含 3 个方面的需求：其一，是能够满足冰雪运动开展所需的基本场所，即冰雪运动场地，如滑冰馆、滑雪场等；其二，是冰雪运动开展涉及的基础设施，包括场地维护所需的造雪机、压雪车、浇冰车等，以及冰雪运动开展过程中的上行设施，如索道、吊椅、魔毯等；其三，是冰雪运动中需使用的装备，如冰刀、雪板、头盔、雪杖、雪镜等。在《全国冰雪场地设施建设规划（2016—2022 年）》等相关政策的推动下，我国冰雪运动场地数量得到了显著提升，截至 2022 年，全国共有 1 576 个滑冰场地和 876 个滑雪场地[1]，已初步实现了全国冰雪场地设施建设规划目标。此外，在滑雪场上行设施中，截至 2023 年 4 月 30 日，国内雪场中建成并投入使用的架空索道有 323 条，处于运营中的魔毯共计 1 701 条，全部魔毯的总长度约为 254 公里。[2] 从这些数据可以看出，当前我国冰雪运动场地设施的数量需求基本得到了满足，后冬奥时期我国滑雪产业升级更应注重场地设施的质量需求。

在 2022 年北京冬奥会的影响下，我国已经初步实现了"带动三亿人参与冰雪运动"的目标。据国家体育总局冬季运动管理中心的调查显示，自 2015 年北京成功申办冬奥会以来，截至 2021 年 10 月，全国冰雪运动参与人数达到 3.46 亿。[3] 后冬奥时期，巩固和扩大"带动三亿人参与冰雪

---

① 国家体育总局. 2022 年全国体育场地统计调查数据［EB/OL］.（2023-03-23）［2023-08-07］. https://www.sport.gov.cn/n315/n329/c25365348/content.html.

② 伍斌. 2022-2023 中国滑雪产业白皮书［R/OL］.（2023-08-04）［2023-08-07］. https://www.163.com/dy/article/IBHMAFO9052984J7.html.

③ 新华社. 3.46 亿人！"带动三亿人参与冰雪运动"目标已达成［EB/OL］.（2022-01-12）［2023-08-07］. https://www.gov.cn/xinwen/2022-01/12/content_5667956.htm.

运动"的成果至关重要。冰雪运动具有体验性特征,运动参与者在单次运动中的体验感直接影响后续冰雪运动参与决策的形成。因此,通过进一步扩大冰雪场地设施的建设规模、提高冰雪场地设施的配备标准、强化冰雪场地的服务质量,以提升冰雪运动参与的体验感为导向,才能有效满足冰雪运动参与者的体验性需求,激发参与者持续参与冰雪运动的兴趣,使之最终转化为冰雪运动的常态参与人口。只有冰雪运动人口的扩大,才是后冬奥时期我国滑雪产业升级的根本保障。

2. 滑雪产业升级的经费支持需求

巨额投入成本是冰雪运动发展的根本掣肘,也是导致滑雪产业升级经费支持需求的重要原因。滑雪产业升级的经费支持需求主要体现在两个方面:一方面,供给端的冰雪运动场地建设、运营与维护需求;另一方面,需求端的冰雪运动与消费者的消费补贴需求。具体而言,冰雪场馆建设需要庞大的资金支持,因此对畅通投融资渠道、发行地方政府专项债券、完善金融信贷等需求强烈。对于已建成的冰雪场馆,其后期运营与维护同样需要政府的"专项补贴",特别是对于冰雪赛事活动的组织,更需要政府加大财政资金与体育彩票公益金的支持,以确保冰雪运动的可持续发展。此外,单从供给端不断完善冰雪场馆的资金扶持无法从根本上实现冰雪运动的普及与推广,激发参与者的主观能动性同样重要。近年来,"冰雪消费券"等消费补贴措施有效地降低了参与门槛,带动了更多人参与冰雪活动。可见,政府的经费支持是冰雪场馆建设经营者与冰雪运动参与者的根本需求,经费支持对促进冰雪运动的普及与推广具有重要的拉动作用。

(三)滑雪产业升级的时间需求:闲暇时间与可达性

闲暇时间是指人们除劳动外,用于消费产品和自由活动的、可支配的时间。[①]从理论上讲,人们拥有闲暇时间是参与体育活动的首要前提。可见

---

① 光明网. 中国美好生活大调查数据发布　解读城市休闲生活新趋势 [EB/OL]. (2023–05–01)［2023–08–07］. https://m.gmw.cn/2023–05/01/content_1303360653.htm.

对于滑雪产业升级而言，人们拥有充足的闲暇时间是其在时间方面的主要需求。但是，根据中央广播电视总台财经节目中心和国家统计局等单位联合调查的《中国美好生活大调查2022—2023》显示，2022年国人工作日平均休闲时间呈现出下降趋势，滑雪产业升级的正面临着人们闲暇时间不足的困境，且人们在有限的闲暇时间内主要从事社交、阅读和逛街等活动，体育并非首选，闲暇时间可达性不强。此外，居住地附近缺乏冰雪运动场地，特别是滑雪场地的情况普遍存在，这意味着人们参与冰雪运动将占据更多的闲暇时间并消耗更多的时间成本。滑雪产业升级的时间需求需要多方合力解决。首先，政府应进一步优化全国年节和法定节假日时间分布格局，确保劳动法律法规得到严格执行，推动带薪年休假制度的有效落实，同时积极引导和鼓励冰雪体育市场提供更多、更好和更符合我国居民需求的冰雪运动产品和服务。其次，合理规划运动场地，节省运动时间成本。各类冰雪运动场馆的建设，须因地制宜、科学规划、合理布局，鼓励大型冰雪场地在不承办比赛和训练的情况下，向社会开放，保障开放时间充足，提高场地设施的便捷性，以满足公众的运动需求。此外，在社会大众中积极推广民间传统冰雪运动项目，如抽冰尜、冰上爬犁、冰滑梯、打雪仗等，或可结合其他体育项目的特点开发出形式多样、健康有趣的冰雪运动项目，如雪地足球、雪地拔河、趣味冰壶、冰上自行车等。这些项目对场地要求不高，推广普及性强，可有效减少冰雪运动的时间成本。

（四）滑雪产业升级的安全需求：运动标准与安全保障

1. 滑雪产业升级的标准体系需求

依托标准普及推广冰雪运动，是引领冰雪产业健康发展、着力推进体育强国建设的重要保障，因此，建立完善的冰雪运动标准体系成为滑雪产业升级的迫切需求。在冰雪运动普及方面，首先，冰雪运动术语标准建设是冰雪运动普及的基本需求，特别是对冰雪场地建设、冰雪器材装备等相关概念及术语，需要进行概念体系标准的统一，以便冰雪运动从业人员、冰雪运动参与者及普通大众共同形成对冰雪运动的统一认知与传播体系。其次，冰雪运动场馆运营管理标准及等级标准的建立是冰雪运动普及的延展需求，具体需要结合自然环境、基础设施、器材装备、活动项目、服务管理等方面，制定冰雪场馆的等级划分及评定标准，以更好地营造冰雪运动发展环境，以良性竞争促进冰雪产业的规范发展。在冰雪运动推广方面，需求的重点在于冰雪体育赛事及冰雪运动培训方面。其一，在冰雪赛事活动中明确赛事组织、人员培训、安全应急、医疗保障等方面的标准体系，对于激发冰雪运动参与者的积极性、不断扩大冰雪运动的参与规模具有重要作用。其二，在冰雪运动项目培训中，尤其对于花样滑冰、冰球、高山滑雪、冰壶等易于推广的冰雪项目，优先建立运动水平等级标准及等级规范，对完善冰雪人才培养、夯实冰雪体育人才储备具有重要的推广价值。

2.滑雪产业升级的安全保障需求

冰雪运动属于高危运动，因此，在普及推广的过程中，安全保障的需求格外突出。这种需求既包括对冰雪运动场地及设施提供安全保障的需求，也包括冰雪运动参与者对自身安全保障的需求。首先，冰雪场地的安全保障是大众参与冰雪运动的前提。严格的冰雪运动场地建设标准、运行规范、市场监管及各类指南，能够在一定程度上消除冰雪运动参与者的安全顾虑。同时，醒目的安全标志、齐全的救护设备、专业的救护人员等，能够有效营造冰雪运动的安全预防氛围，有利于激发冰雪运动的参与兴趣，进而提高冰雪运动的普及水平。其次，冰雪运动参与者自身的安全保障是冰雪运动参与的基本诉求，具体可通过具有相关资格证书的社会体育指导人员提供的专业冰雪运动教学，更好地满足参与者的冰雪运动体验需求，并易于激发参与者的持续性和积极性。最后，冰雪运动保险已成为冰雪运动与安全保障的另一个重要需求。只有彻底消除冰雪运动参与者的"后顾之忧"，才能真正实现冰雪运动的普及推广。

（五）滑雪产业升级的指导与培训需求：滑雪运动技术培训

随着参与人次的逐渐增多以及参与程度的逐渐深入，冰雪运动为越来越多的参与者带来了趣味和刺激体验，加之其具有较强的社交属性，激发了广大参与者提升运动技能的需求。冰雪运动本身存在技术习得的难度，即冰雪运动技能难以通过自身训练获得，必须借助专业教练的专业教学方可习得。特别是滑雪运动，其体验感的获得源自对高难度雪道的征服感以及从高处滑下时速度增加和落差增大所带来的刺激感，因此对滑雪者的技术要求更高。但从调研情况来看，我国现有的冰雪培训虽以社会指导员为主体，但在参与者心目中的认可度并不高。国外的冰雪培训体系在国内的认可度较高，但存在着诸多差异。如何构建在冰雪参与者心中被认可且具有价值的冰雪培训体系，是提升参与者兴趣、壮大冰雪群体、提高冰雪参与度的核心问题。

（六）滑雪产业升级的组织需求：滑雪社群的情感需求

在滑雪产业升级实践中，"自下而上"的社会动员机制需通过社群方能发挥作用。滑雪产业升级的内生动力生成必须依靠社群的动员来实现。通过社群组织，依靠意见领袖、草根精英组织带动深化对滑雪运动的认知，并通过社群组织，从冰雪精神、观赏、体验、教育、技能等多个层面提升对滑雪运动的认同感。加拿大冰雪运动的发展在很大程度上依赖于滑雪社会组织的力量，包括冰雪俱乐部、社区和学校的冰雪组织，以及国家对冰雪社会组织的扶持，这使得加拿大在冰雪运动人员参与基数上呈现较大的增长。

二、我国滑雪产业升级的精准供给

后冬奥时期，我国冰雪运动的普及推广成为构建更高水平的全民健身公共服务体系的重要组成部分。滑雪产业升级的精准供给就是坚持以人民为中心的发展理念，以增强人民群众在冰雪需求方面的获得感、幸福感、安全感为出发点和落脚点。在全面掌握我国冰雪消费需求变化和特征的基础上，明确供给主体和供给人群，不断改进供给方式和内容，提供更为精细化的冰雪产品和服务，最大限度地满足需求方的冰雪现实需求。从本质上讲，精准供给就是兼顾不同特征、不同区域的冰雪群体需求，合理优化资源配置，提高资源的有效利用率，消除冰雪公共服务供给不足或过剩的问题，实现供给和需求的高效对接。因此，从以上角度来看，滑雪产业升级更需依据需求的变化进行精准供给，从供给人群、供给主体、供给方式以及政策供给等多个方面进行有效供给，以实现冰雪运动供给内容的精准化，"自上而下"地满足人民群众多样化的冰雪需求。

（一）我国滑雪产业升级的精准供给人群

后冬奥时期，我国冰雪运动的普及推广除竞技体育人群外，更多地需要在普通人民群众中普及，找到更为精准的人群，这是引领我国滑雪产业升级的关键因素。鉴于冰雪运动的特殊性，我国冰雪运动的普及推广更需借助 2022 年北京冬奥会的后期效应，抓住重点人群，将各方面的供给向重点人群倾斜，以最大限度地发挥资源的带动作用。

后冬奥时期，我国滑雪产业升级应重点对接以下三类人群：（1）心理上对冰雪运动接受能力较强，且持续时间最长的人群，如青少年、大学生群体。（2）对参与冰雪运动热情最高，更易破除冰雪运动参与"门槛"的中高收入群体，如经济发达地区的白领人群、有健全工会组织的企事业单位群体。（3）经济条件允许且有时间的老年人群体。

就当前我国冰雪运动的发展而言，青少年仍是冰雪运动开展的重点人群。青少年是我国冰雪运动的主力军，在"带动三亿人参与冰雪运动"中，青少年是重要组成部分，唯有青少年热爱并参与，方能培育根深叶茂的冰雪体育文化，形成冰雪产业发展的内生动力。在疫情之前，我国青少年参与冰雪运动的人数以每年 20% 的幅度递增，2019 年达到约 1 500 万人。随着冰雪运动进校园的推进，青少年成为未来参与冰雪运动人群的主要增长点。总体来看，我国青少年冰雪运动发展存在参与度不高、后备人才匮乏、专业人才短缺、场馆建设不足、装备制造业落后、地方政府重视程度不够等问题，但青少年依然是我国滑雪产业升级的重点人群。

从调研情况来看，冰雪运动的普及推广受到技能、收入、时间等多重"门槛"的阻拦。然而，在北上广深等地，白领人群是近年来冰雪运动的重点增长群体。特别是随着室内冰雪场馆的增多，反季滑雪成为新的潮流。以热雪奇迹为代表的室内滑雪场正通过更贴近年轻人的品牌传播语言和丰富多样的创意主题活动引领夏季运动休闲新方式。在深圳，各类滑雪俱乐部组织各种滑雪外滑活动，从新疆维吾尔自治区到河北省，从新西兰到日本，无不展现出其对冰雪的热爱。

同时，在冰雪运动的普及推广过程中，我们应更加关注老年人群体。截至 2021 年底，我国 65 岁及以上人口已达 2.55 亿，占总人口的 18.1%。据联合国预测，到 2050 年，我国 65 岁及以上人口将达到 4.77 亿，占总人口的比例将达 34.9%。因此，我国冰雪运动的普及推广需更多地关注老年人的冰雪需求，如日本对老年人的滑雪参与予以特别关注，并将其确定为滑雪产业发展的重点人群。

（二）我国滑雪产业升级的精准供给主体

我国滑雪产业升级的供给主体应是多元的。我国冰雪运动的普及与推动，是一个从外部驱动到内生赋能的过程，是一个从冰雪启蒙到文化生成的过程。在这一过程中，唯有多元主体的参与，方能发挥主体的合力，更为精准地供给冰雪运动。因此，后冬奥时期的滑雪产业升级的精准供给，需积极识别各个主体力量，以实现可持续发展。

1. 政府职能部门的引导力量

政府及体育行政部门是滑雪产业升级的主体，是核心的引导者。在实际操作中，政府需精准制定冰雪运动供给的计划，明确供给的重点人群，并提供有效的供给方式。政府职能部门也应以如何破解冰雪运动参与"门槛"为出发点，在统筹冰雪运动发展的各种因素的基础上，做好服务并完善冰雪运动公共服务体系，推动滑雪产业升级。

2. 社会组织的中介力量

社会组织是滑雪产业升级的主要中介，如冰雪运动俱乐部、各项目协会以及冰雪运动的草根组织等。我国滑雪产业升级不仅需要正式的体育社会组织，更重要的是要依靠公民自组织的非正式组织。实际上，这一精准主体能够以社会组织的身份更直接地与公众对接，更易于了解公众对冰雪运动参与的具体要求。

冰雪社会组织是生活化冰雪理念的重要倡导者，是"自下而上"的冰雪文化形成的重要承继者。除了要规范冰雪社会组织的社会行为外，政府还应通过购买公共服务的方式，培育冰雪社会组织，发挥其在冰雪培训、冰雪赛事、技能评定中的重要作用。通过政府与社会组织的协同，建立冰雪社会组织主导的民间冰雪赛事体系，发挥冰雪竞赛的杠杆作用，提升民间冰雪组织的活力。

3. 冰雪企业的市场力量

在市场机制下，冰雪运动的普及推广需要企业的参与。冰雪企业是生活化冰雪理念下滑雪产业升级的重要主体，这一主体几乎能为"体育"这一环节提供丰富的冰雪产品和服务。同时，冰雪企业也是滑雪产业升级创新的重要主体。因其自身的特质，冰雪企业更易感知冰雪市场的最新需求，及时改进产品和服务，满足参与者的需求。

4. 学校的内生力量

由于青少年是冰雪运动参与的主要人群，学校对于滑雪产业升级显得尤为重要。目前我国青少年每年参加冰雪运动的人群约为 1 500 万，并以每年 20% 的幅度递增。随着冰雪运动进校园的实施，青少年将是未来参与冰雪运动人群的主要增长点。作为青少年体育的主要承载者，学校的运动项目开展布局和考试方式决定着运动项目在校园中开展的广度和深度。青少年是我国冰雪运动的主力军，只有青少年热爱并参与，才会形成冰雪体育发展的内生动能，培育根深叶茂的冰雪体育文化，提升冰雪产业发展的核心竞争力。

5. 数字经济的创新力量

在以数字技术和智能科技为基础的新一轮科技革命中，技术和数据等新型要素为冰雪运动的发展注入了新活力。后疫情时代对线上场景和非接触式消费需求的增加，促使冰雪体育产业与数字经济紧密结合。数字化旅游新基建、冰雪消费场景、数字化目的地品牌营销、全产业链数字化、互联网＋电商＋航空＋冰雪旅游产业链联动机制、智能冰雪产品等都成为催生冰雪电商机遇的重要引擎。同程旅游凭借其强大的平台能力，通过技术创新的手段，推动冰雪运动产业的数字化进程，促进冰雪旅游产品的销售。冰雪消费新场景构建了全新的冰雪体育产业发展图景。室内滑雪场、旱雪场、滑雪模拟器、气膜冰场、冰雪综合体、冰雪直播等都成为新的消费场景。冰雪产品新零售推动线上线下的融合，线上服务、线下体验和现代物流、金融的深度融合，都革新着冰雪体育产业的商业模式。冰雪运动开始与旅游产业、文化产业、物流产业等进行深度融合，长白山的冬季漂流和滑雪、王者荣耀加入的冰雪峡谷和冰雪皮肤、德邦物流的"雪具达"等融合产品都从微观角度满足了人民群众对于冰雪运动的参与需求。冰雪运动项目和服务的多元化发展将拓展冰雪体育产业的边界，冰雪项目的拓展、冰雪俱乐部的迅速成长以及冰雪运动培训市场的多元化和专业化运营将有力地推动冰雪体育产业结构的优化。

（三）我国滑雪产业升级的精准供给方式

本节介绍了后冬奥时期，冰雪运动普及供给通过何种方式更精准地抵达冰雪运动的需求方，从滑雪产业升级的实际出发，精准对接滑雪产业升级的需求。具体供给方式有政府直接供给、市场化供给、自愿性组织供给和多元主体协同供给。

1. 政府直接供给

政府对滑雪产业升级的直接性供给主要源自财政资金的直接补贴或金

融、税收政策的直接减免或优惠。政府直接性供给通常设定了一定的门槛或条件，需满足政府的一定考核指标后，政府才会制定供给计划，以满足冰雪参与者的需求；另外，政府直接供给需要政府部门对冰雪运动的普及推广有相应的认知和知识储备，充分领会冰雪运动普及推动的正外部性，方能做出合理决策。

2. 市场化供给

市场化的供给是滑雪产业升级中常用的方式，如各冰雪企业的冰雪装备生产、冰雪项目的培训、滑雪旅游度假区的经营行为等。在滑雪产业升级过程中，市场化供给行为最为常见，也最为精准，能够迅速捕捉到消费者的需求并及时做出决策。但市场化供给存在自身的局限性，由于市场的逐利性，市场化供给极易导致滑雪产业升级的阶层划分和冰雪运动的贵族化趋势。

3. 自愿性组织供给

自愿性组织供给主要由非营利的社会组织提供冰雪运动公共物品，这种供给方式主要通过各级冰雪协会开展冰雪运动进校园、进社区、进企业等公益推广活动，普及冰雪运动知识和技能。自愿性组织供给有助于提高冰雪运动公共效率和供给质量，降低成本。同时，自愿性组织供给能够消除冰雪运动的阶层障碍，促进社会公平，让更多人享受冰雪运动的乐趣。

4. 多元主体协同供给

滑雪产业升级的供给在多数情况下是一个多元协同的问题。政府的直接供给是基础，同时需要与多元主体协同供给。其中，一种方式是政府通过购买服务的形式，由社会组织或企业提供服务，政府仅负责监督管理，如冰雪运动进校园在许多地区都采用政府购买冰雪公共服务的方式来达成。另一种方式是政府通过多元主体协同供给。政府负责制定标准和制度，履行其引导者和监督者的角色，同时也可采用 BOT 或者 PPP 的模式激励企业建设和运营冰雪运动场馆设施；冰雪体育企业在实现自身利润目标的同时，通过与政府部门的协同治理，与政府部门建立合作关系；冰雪社会组织发挥其枢纽作用，填补政府在冰雪公共服务中的盲点，同时承接政府在转变职能时让渡的冰雪运动公共服务职能。

（四）我国滑雪产业升级的精准政策供给

后冬奥时期，冰雪运动的普及推广需进一步深化冰雪运动发展体制创新，政府应出台扩大内需和进一步加强冰雪运动发展的扶持政策。就精准的政策供给而言，国家应进一步强化从国家层面制定滑雪产业升级政策，借助一系列激励政策激发社会和市场活力，在土地、人力等资源配置，财政投入，宣传导向等方面占据主导地位，将冰雪运动融入城市与乡村。

第一，在质量变革方面，政府应通过资金支持政策、冰雪场地设施建设倾斜及统筹政策、财政税收政策等宏观政策，引导各区域冰雪运动协调发展，充分利用东北和华北地区冰雪项目开展的优势基础，提升冰雪场地服务水平，推动冰雪装备制造业发展。

第二，在效率变革方面，政府应制定人才培养扶持政策、冰雪进校园政策、赛事扶持政策、冰雪体育组织扶持政策、冰雪文化促进政策、冰雪企业激励政策等，强化冰雪体育产业组织、场地建设、产业培育、人才建设、运动水平等方面的工作，形成多部门、多维度、多领域的协同治理模式。

第三，在动力变革方面，通过产业融合政策、科技创新政策，利用数字经济，推动冰雪运动产业与其他产业的深度融合。建立冰雪运动产业数字化发展规划，利用产业政策促使冰雪体育嵌入数字经济的相关领域，鼓励数字技术对冰雪体育产业的改造升级，构建多元化的数字冰雪体育市场监督体系，确保数字冰雪体育的健康发展。

三、本章小结

本章从供需协同的视角揭示了滑雪产业升级供需协同的现实基础。对滑雪产业升级需求进行维度划分，是进一步细分滑雪产业升级的关键。同时，通过精准对接供给人群、供给主体、供给方式和政策供给，以满足各类需求，进而实现冰雪运动的普及推广。新时代的滑雪产业升级是主动作为、文化内生的过程，也是主动思考冰雪运动内生机制的过程。唯有如此，才能确保滑雪产业升级的可持续性。

第六章　国外滑雪产业升级及其启示

　　滑雪作为一种休闲性质的旅行方式，最早的记录可追溯到 19 世纪中期的欧洲，在 20 多年后，即 1890 年，休闲滑雪开始在北美出现。以社交为目的的滑雪俱乐部在欧洲和北美相继出现，同时也推动了滑雪产业设施的完善。

　　滑雪旅游度假始于 1886 年，当时一位在瑞十圣莫里茨的酒店老板邀请了他们的英国客人在冬天来度假，由此开启了冬季滑雪旅游的热潮。1924 年法国夏蒙尼冬奥会上，滑雪正式被列为比赛项目；1936 年美国普莱西德湖冬奥会上，滑雪运动开始大放异彩。滑雪运动逐渐成为欧洲和北美冬季休闲运动的主流，滑雪旅游成为冬季旅游的重要组成部分。在滑雪产业的发展过程中，各国呈现出不同的发展模式。通过分析国外滑雪产业发展的典型案例，有助于我们借鉴先进经验，从而促进我国滑雪产业的发展。

一、美国滑雪产业发展的模式分析

　　美国是目前世界上滑雪产业发展最为成熟的国家之一，也是世界上最大的滑雪市场之一。

　　从美国滑雪产业的发展历程来看，美国的冰雪运动是由欧洲移民引入的。1882 年，美国第一家滑雪俱乐部在新罕布什尔州成立。美国滑雪协会成立于 1905 年。到 1911 年，美国已有一家滑雪工厂生产滑雪器材。科罗拉多州的豪威尔森山滑雪区自 1915 年起对公众开放。1934 年，佛蒙特州的伍德斯托克安装了第一台绳索牵引车。在第二次世界大战前，美国已拥有 50 多个滑雪场。第一届冬季奥运会于 1932 年在普莱西德湖举行。1936 年，太阳谷度假村开设并安装了史上第一台升降椅。两年后，美国第一条空中缆车在新罕布什尔州的坎农山安装。

美国是世界滑雪旅游高质量发展的典范。1936 年，美国联合太平洋铁路公司在爱达荷州的太阳谷建造了面向游客的第一个滑雪度假村，这也是美国滑雪产业高质量发展的北美模式典范。权威数据显示，2017 年美国滑雪运动的社会年度消费总额高达 125 亿美元，占其户外休闲活动年度消费总额的 6.8%，创造了巨大的社会价值和商业价值。美国滑雪产业发展得如此成功，必然离不开政策的大力推动和良好执行。具体执行政策见表 6-1。

表 6-1　美国推动滑雪产业发展的相关政策汇总表

国家	政策名称	具体内容
美国	《可持续雪坡规划》	采取自愿参与原则，起到指导与规范滑雪场环保作业的作用
	《滑雪业气候改善政策》	教导大众重视滑雪运动对自然生态系统的依赖性
	《可持续雪坡补助计划》	对贯彻实施《可持续雪坡政策》的滑雪场进行阶段性评估，评估结果将影响实物奖励与资金资助的具体程度，款项由缆车、造雪机、压雪车等生产厂商赞助
	《滑雪场休闲活动促进法案》	旨在引导滑雪场改进运营方式，允许和鼓励位于国家森林区的滑雪场开展四季性户外休闲活动
	《"滑雪学习月"共同倡议》	带动更多人参与滑雪运动，为滑雪产业发展注入新鲜血液

进入 21 世纪，美国的滑雪场面临严重亏损、同质化严重以及存量市场竞争激烈等问题。针对这一情况，美国滑雪协会在 2000 年推出《可持续雪坡规划》，规划以自愿原则为基础，对滑雪场的环保作业进行指导和规范，从而在一定程度上保障了美国滑雪产业的可持续发展。2002 年《滑

雪业气候改善政策》发布；2009 年，美国滑雪场协会颁布了《可持续雪坡补助计划》；美国林务局于 2014 年发布了《滑雪场休闲活动促进法案》。这些政策的实施不仅节约了美国滑雪业的成本，还吸引了更多人参与滑雪活动。在政策目标上，美国的滑雪旅游政策设定明确，体现了政策的连续性和长期调控。在政策的对象上，这些政策首先在个别州推行，然后逐渐扩散至全美；在执行上既强调宏观调控，也注重详细原则的制定，同时设立达标指数，量化政策要求，辅以配套经费支撑，并及时进行反馈评价，具有极大的微观可操作性，从而提高了政策的实效。

在滑雪旅游度假区的模式创新方面，1967 年，斯诺马斯成为北美首个由房地产驱动的滑雪场，当时很少有滑雪场经营者愿意投入大量资金建造客栈和酒店。作为解决方案，开发商选择将公寓出售给个人业主，并在这些公寓无人居住时进行出租，这也建构起了滑雪旅游度假区的美国模式。近年来，美国的滑雪产业呈现出集中发展的趋势，由两大巨头主导，运营多个综合性度假村。这两大巨头是维尔度假村和奥特拉山公司，分别经营着 37 个度假村和 16 个度假村，其中 2 个位于美国境外。这两大巨头与博恩度假村和 Powdr 公司共吸引了约 50% 的美国滑雪游客。据统计，美国较大的滑雪区包括布雷肯里奇、铜山、基斯通、猛犸山、帕克城和韦尔。其中，大部分位于科罗拉多州，另有一个位于犹他州，一个位于加利福尼亚州。美国滑雪产业经过长期发展，形成了自身的发展特色，如滑雪旅游度假区的房地产营销模式、产权和管理权的集中化等都是美国滑雪产业发展的重要特征。

美国滑雪产业的发展具有自身独特的特点：政府通常不直接介入冰雪活动，滑雪产业相关协会积极促进各类政策的施行，自愿型政策为滑雪企业节省了运营成本。从政策的实施主体来看，美国滑雪产业实行政府与社会多元主体共同参与的模式。各级协会积极推动政策的执行，甚至自主制定相关政策，以推动美国滑雪产业的发展。各级协会各司其职，如美国滑雪安全巡逻队主要负责滑雪等冬季运动的安全保障；美国滑雪产业协会主要负责滑雪业的贸易对接；滑雪指导员协会则负责教育培训指导；滑雪场协会主要负责推动滑雪场规范化服务和商务合作，并进行相关行业数据的统计。

美国的滑雪产业与欧洲存在较大的相似性，且主要由国内市场推动，但也有独特的优势。例如，雪量充足，几乎所有的滑雪度假地都配备了完备的造雪设备；服务周到且效率较高，大多数滑雪度假地在雪坡上都安排了免费导游；组织井井有条，乘坐缆车几乎无须排队；滑雪区域绿树成荫；住宿设施与欧洲相比更加宽敞、豪华等。

同时，美国的滑雪旅游度假地国际化程度较高，能够吸引国外游客到美国滑雪。美国的滑雪度假地是旅游运营商的核心产品。调查显示，前往美国滑雪的英国人大多是经验丰富、收入丰厚的滑雪者，他们愿意花费高于平均消费四倍的费用来享受有保障的优质滑雪。许多因素促使全世界的滑雪者，尤其是英国滑雪者前往美国滑雪。例如，阿尔卑斯山脉一年中有很长时间雪量不足，这使得专注于滑雪的人寻找其他的滑雪目的地，汇率相较于以前有所提高，使得美国的滑雪价格更具竞争力。此外，一些组织如美国滑雪协会，以及美国主要的滑雪目的地如斯诺伯德和杰克逊谷地的市场营销也对吸引滑雪者起到了重要的作用。

美国滑雪产业蓬勃发展，设施服务完备，能够更好地满足人们冰雪运动健身的需求。美国拥有开展冰雪运动的优越自然条件，雪量充沛，气候适宜，在全球十大滑雪胜地中，美国占据了 3 个席位。同时，美国的冰雪设施中，滑雪设施多以滑雪度假区的形式运营，大部分由大型公司经营。美国的冰雪区域相对集中，前往美国滑雪的英国滑雪者中将近四分之三会选择前往科罗拉多州的布雷肯里奇滑雪度假地。这些雪场都已形成较为成熟的运营体系，同时美国滑雪场周边还有大量的房地产业，并建有豪华的度假别墅。此外，在美国境内许多天然湖泊和河流在冬季时会结冰，形成了许多天然冰场，为普通民众参与冰雪运动提供了便利。

在滑雪人口的变化方面，除了 2008 年的危机外，气候因素也对近年来滑雪者来访人数的变化产生了影响。2010—2011 年冬季创下 6 050 万人次的历史纪录后，滑雪人数开始下降，直至 2018—2019 年冬季才出现逆转。2017—2018 年，滑雪爱好者访问量达 5 930 万人次，同比增长 11.4%，成为过去 41 年中第四好的滑雪季节。受疫情影响，2019—2020 年滑雪者的参观量下降了 13.9%，降至 5 110 万人次。尽管美国人口众多，但实际的参与率较低。2019—2020 年，活跃的滑雪运动参与者约为 920 万，仅占美国人口的 2.8%。1996—1997 年冬季，这一比例仍为 3.2%。有人认为，进入这项运动的年轻人数量的下降始于 20 世纪 70 年代。为解决人口统计问题，美国滑雪行业密切关注其增长模型的年度结果，旨在解决人口老龄化、少数民族和滑雪者比例不断增加的问题。

综上所述，美国滑雪产业的发展呈现出以下独特特征：第一，全面借鉴欧洲滑雪模式，逐步积累本国经验。通过举办冬奥会、引进人才、更新索道技术、建设度假区、发展滑雪俱乐部等措施，最大限度地贴近主流，是美国滑雪产业初期发展的主要途径。第二，引进滑雪专业人才，建立滑雪指导员考评体系。欧洲指导员成为传授滑雪技能的重要群体。第三，多层级的办事体系带动区域滑雪知名度。赛事的举办是冰雪赛事参与度的集中体现。美国普莱西德湖、太阳谷通过赛事提升了知名度。第四，可持续发展理念全方位融入滑雪旅游发展。美国的科罗拉多州知名滑雪度假区注重保护雪场周边环境，形成了良性的滑雪旅游生态圈，使度假区得以在夏季持续运营。

二、法国滑雪产业发展的模式分析

法国是全民滑雪大国，也是全球游客最多的滑雪地区及冬季运动的首选目的地。作为全球最大的滑雪市场，法国以拥有 357 个滑雪场而闻名遐迩，每个雪季都吸引无数滑雪爱好者纷至沓来。

法国政府在滑雪场发展中扮演着重要角色。伴随大量游客的涌入，法国的滑雪场及周边房地产迅速发展，法国滑雪产业的兴盛为法国山区带来了巨大的经济效益。在罗纳—阿尔卑斯大区，每年接待滑雪者达 600 万人次以上，他们为当地创造了 10 万个就业岗位，旅游业成为该地区的支柱产业，在所有产业中位列第二。

法国拥有世界顶级的冰雪资源，同时大型赛事有力推动了法国滑雪产业的发展。法国与意大利共同拥有阿尔卑斯山的最高峰勃朗峰，同时法国还有 24 座阿尔卑斯山峰，海拔都超过 4 000 米，这为法国滑雪旅游度假区的建立奠定了良好的基础。1924 年，第一届冬奥会在法国夏蒙尼举办。20 世纪 30 年代，滑雪运动在法国兴起，法国滑雪旅游度假区的建设历经 3 个阶段：第一个阶段是乡村式的滑雪旅游度假区。第二个阶段，法国开发商开始建造度假村。先是乡村式度假村，然后发展至高海拔密集的城市化综合度假村，于 20 世纪六七十年代，在山区建造了大型住宅群。法国政府大力扶持这些郊区城镇的发展，如拉普拉涅、瓦尔托伦斯、阿沃利亚兹、莱斯阿尔茨、蒂涅等。第三个阶段回归至更似村庄的低海拔度假村，规模更小、能更好地融入自然环境。

在公司化运营方面，法国拥有全球最大的滑雪场地运营商——阿尔卑斯公司，几乎所有主要度假村都由法国阿尔卑斯公司运营（13 个大型阿尔卑斯山度假村，总计 1 500 多万游客，全部或部分由阿尔卑斯公司管理）。此外，还有一些较小的运营商负责管理多个滑雪区的缆车，如 Labellemontagne 和 Altiservice。在法国，滑雪缆车仍被视为公共服务，一些运营公司部分拥有或直接由法国和意大利政府管理。法国冬季平均游客量逾 100 万人次的度假区包括：阿沃利亚兹、夏蒙尼／莱斯豪奇、古尔切维尔—里贝尔—莫塔雷特、弗莱恩—莫伦萨莫恩斯、拉普拉涅、阿尔卑斯—德韦兹、阿尔卑斯山、勒斯穆努埃尔、谢尔—切瓦利尔、蒂涅、瓦尔—迪斯雷、瓦尔—索。

尽管法国为世界旅游业的首选目的地，然而滑雪业仍主要由国内市场驱动。法国国内市场已然成熟，在 2012—2013 年冬季出现拐点后，滑雪者的访问量稍有下降。此外，每年冬季约有 200 万外国滑雪者访问法国，且数量持续增长，以弥补即将退休的国内客户。英国人占四分之一，其次为意大利人、比利时人、德国人和俄罗斯人。

法国滑雪旅游度假区发展的特征主要有以下几个方面。

第一，法国滑雪自然资源得天独厚，雪场规模大，质量高。法国坐拥欧洲最高大、最雄伟的阿尔卑斯山，平均海拔约 3 000 米，高大的山体和起伏的地势为法国滑雪场的建设提供了天然优势。例如，法国在阿尔卑斯山区建立的拉普拉涅滑雪场是欧洲人心目中的度假胜地，该滑雪场占地面积达 10 000 公顷，拥有各种难易雪道共计 134 条（包括 10 条黑道、34 条红道、79 条蓝道和 11 条绿道），最高海拔 3 250 米，最低海拔为 1 250 米，最长雪道达 15 千米，雪道总长度达 225 千米。不仅提供各类难易程度的雪道，也拥有 105 条索道缆车，能够在 1 小时内将 7 万游客送到山顶。同时，该雪场还拥有世界上最先进的双层缆车，可同时容纳 200 人乘坐。

第二，政府高度参与和完善的组织管理为法国滑雪产业的壮大提供了制度保障。法国政府在滑雪产业和冰雪运动发展中发挥了重要作用。法国滑雪场、雪道及体育运动之家建设的公益属性决定了法国政府在滑雪产业发展中的关键性作用。法国滑雪场和雪道的建设通常采用政府投资的形式，能够保证建设费用的持续投入，同时由于雪场建设的公益属性，使得滑雪场的收费不高，促使群众能够更积极地参与到冰雪运动中。截至 2018 年，法国共有约 250 家滑雪场，其中大部分滑雪场的所有权属于政府，82% 的滑雪纯收益都来自政府经营的滑雪场。同时，在法国各个城市，都建有面向广大群众开展休闲体育活动的体育运动设施，在有滑雪场的城市、体育运动之家建有各种冰雪运动设施，且都以较优惠的价格吸引群众参加冰雪运动，从而促进民众参与冰雪运动的热情。政府也积极参与到体育俱乐部的建设中，法国的一些俱乐部都有深厚的政府背景，政府每年都会给俱乐部一定的资金支持，同时法国的滑雪旅游组织体系、人才培养体系、标准规范体系等较为完善，保证滑雪产业在制度约束和规范下健康持续发展。

第三，冬奥会的举办成为促进法国滑雪产业的有效手段。法国共举办了 3 次冬奥会，分别是 1924 年的夏蒙尼冬奥会、1968 年的格勒诺布尔冬奥会、1992 年的阿尔贝维尔冬奥会。冬奥会的举办不仅改善了法国的冰雪设施，还激发了法国人民参与冰雪运动的兴趣。

第四，体育特色小镇与冰雪运动发展相互促进。例如，法国夏蒙尼地区自然条件优越，每年 9 月进入雪季，一直持续到次年 4 月。夏蒙尼地区附近有 13 家大型滑雪场，拥有上百条雪道，总长逾 100 千米。市区常住人口 9 000 人，山谷中常住人口 1.4 万人，年均接待游客 9 万人次。勃朗峰和体育运动是夏蒙尼城市发展的主要驱动力，除了冰雪运动是夏蒙尼的重要特色之外，勃朗峰的山地越野赛、攀岩世界杯和高山滑雪世界杯等大型体育赛事都吸引了全球爱好者参与。这些赛事每年都会吸引超过 10 万名运动员和观众来到夏蒙尼，极大地推动了当地旅游、文化和健康等产业的发展。冰雪运动对法国经济起到了巨大的推动作用，法国总人口约 6 700 万，冬季旅游人数达 1 000 万，其中 700 万人的旅游项目与冰雪运动相关。法国滑雪场投资 3.12 亿欧元，出口滑雪装备和管理收入达 20 亿欧元，每支出 1 欧元可带来其他方面 6 欧元的收入。同时，法国滑雪场在管理制度建设的规范性和标准化方面具有显著优势，运行管理资金的使用受到政府的严格监管，确保资金安全和使用效率。

第五，法国冰雪运动拥有良好的群众基础，助力滑雪产业发展。法国人民对冰雪运动充满热情，热衷于高山滑雪、冰球、花样滑冰等冬季运动项目。同时，法国的冰雪场馆遍布全国，为民众参与冰雪运动提供了便利。在法国 300 多个滑雪场中，游客可享受丰富完备的休闲娱乐设施，每逢雪季，许多家庭都会选择滑雪度假。除专业雪场外，法国民众还有多种参与冰雪运动的途径。蒂涅滑雪场虽然是世界著名的滑雪场，但价格对青少年来说十分友好，青少年每年仅需向蒂涅滑雪俱乐部缴纳 150 欧元，即可获得滑雪场专业滑雪教练的指导。若要更深入地参与滑冰运动，可选择加入由政府支持的冰球、冰壶、花样滑冰、短道速滑等 4 个冰上运动俱乐部，每年仅需缴纳 150 欧元。此外，阿尔贝维尔奥林匹克滑冰场设有公众开放日，当地民众可在开放日当天免费使用滑冰场。

第六，竭尽全力为游客提供优质的服务体验是法国滑雪产业得以壮大的重要因素。在硬件方面，法国滑雪场在设计时，充分考虑当地交通条件。在法国，滑雪场通常靠近高速公路，山上配备缆车可将游客直接送至山峰。为了让滑雪者有更好的滑雪体验，滑雪场将赛道相互连接延伸，形成上百千米的赛道网络，为滑雪爱好者提供更多的线路选择。同时，法国滑雪场具备一体化的服务体系和先进的服务理念，拥有完善的服务业，包括酒店、餐饮、公路维护、出租车等，使游客的吃、住、行、游、购、娱切实得到实惠和完美体验。法国的各大滑雪场都有自己的官方网站，滑雪者可通过网站预订门票和房间，并根据自己的要求预约合适的教练，还可在线获得滑雪场的实时地图、开放雪道情况和缆车情况，从而使滑雪旅游者能够为自己的旅行做好准备，以获得更好的滑雪体验。

综上所述，可以看出法国滑雪产业呈现出以下发展特征：第一，政府引导，整体规划和保障。自 1964 年起，法国政府推出了发展山地滑雪业的冰雪规划。国家主要控制和引导项目规划和方向，地方政府负责关键基础设施的建设和保障，滑雪场的建设和运营由开发商负责，旅游公司负责营销和宣传。第二，市场主体推动产业链完善。法国在滑雪设备开发、认证培训、场地提供、餐饮住宿、产业研究、赛事培训、医疗救援等方面都有专门的供应商。第三，重视产业趋势，引导滑雪场升级。法国经历了四代滑雪场的发展，走特色化、差异化发展道路。夏蒙尼是滑雪和登山胜地。拖朗谷五年四次被评为"世界最佳滑雪度假胜地"。第四，加强政府规划，与开发山区相结合。法国通过政府规划，将滑雪产业发展与山区经济发展相结合，促进阿尔卑斯山区经济发展，避免山区贫富分化。政府投资修建铁路和公路，并将成本回收周期较长的缆车系统纳入市营。第五，儿童和青少年是滑雪旅游发展的重点人群。自 1996 年起，法国就出台了专门用于提高青少年体育参与度的经济补贴方案，主要补贴对象是青少年的地方体育组织和俱乐部，以降低他们开展活动的成本。

三、日本滑雪产业发展的模式分析

日本是滑雪场数量最多的国家，从北海道岛北部到九州岛南部，度假胜地遍布日本所有岛屿。从 1970 年到 1990 年，日本冰雪产业经历了巨大的繁荣，当时滑雪爱好者的访问量达到创纪录的数字，一个赛季活跃的滑雪运动员人数达到 1 800 多万。据估计，目前只有约 800 万人。20 世纪 80 年代，日本滑雪旅游度假村的发展非同寻常，世界上最好、最现代化的滑雪旅游度假区在日本得以兴建。滑雪变得非常时髦，在年轻人中成为最受欢迎的运动。但日本在 20 世纪 90 年代初经历了严重的经济衰退，房地产受到了影响，许多度假胜地难以为其巨额投资融资，滑雪者的访问量开始显著减少。

日本拥有 547 家滑雪场，具有 5 条以上索道的滑雪场占比 51%。2020—2021 年雪季，总滑雪人数高达 2 807.2 万人次，日本国内滑雪人口为 1 141 万人次，占总人口的 9%，41.5% 的 10 ~ 19 岁日本青少年开始学滑雪。2017 年第 69 届札幌冰雪节共吸引海内外游客 211.3 万人，拉动消费总额 4.48 亿美元。

日本最大的滑雪场主要位于北海道县、长野县和新潟县。北海道县拥有 Niseko United 和 Rusutsu，长野县有 Shigakogen 山度假村、Nozawa Onsen 和 Hakuba Valley，新潟县的特色是 Gala Yuzawa。其他大型度假胜地包括造安森（山形县）和阿皮古根（岩手县）。一些滑雪场已发展成为大型度假胜地，滑雪只是众多活动中的一项。投资旨在使这些地方对滑雪者和非滑雪者都具有吸引力，开发了真正的山地基地村庄，提供住房和多种设施。

日本滑雪产业的一个重要特征就是体育产业和旅游产业的深度融合。第一，采用"滑雪+温泉"相结合的特色模式。为了更好地推动旅游业的发展，更好地促进日本休闲产业和休闲度假设施的建设，日本在 1987 年实施了《度假村法》，明确了国家和地方政府对指定为度假开发区的区域实施税收优惠政策。因此，日本富良野等雪质优良的滑雪场被列入特色区域名单。2004 年发布了《观光立国推进战略会议报告书》。2006 年，日本国会对 1963 年颁布的《观光基本法》进行了修订，升级为《观光立国推进基本法》，该法将旅游产业定位为日本 21 世纪的支柱产业，滑雪旅游成为振兴目标之一。2017 年，日本体育厅召开了"体育观光官民协议会"，将以雪上运动为主的户外体育确定为重点支持领域。第二，"冰雪品牌＋节事"为重要引领。以"东北地区的全季节冰雪"和"温泉和北海道札幌冰雪节"最具代表性。第三，注重培养国内稳定的滑雪人口。日本依据滑雪人群的分布和消费能力，将青少年和老年人确定为重点群体。日本推行"19 岁滑雪魔法"活动，使 19 岁的青少年可以免费畅滑国内多个雪场。

综上所述，日本作为东亚滑雪产业发展的重要代表，呈现出自身的发展特色：第一，体育产业和旅游产业的深度融合，采用"滑雪＋温泉"相结合的特色模式；第二，"冰雪品牌＋节事"的重要引领，以"东北地区的全季节冰雪"＋"温泉和北海道札幌冰雪节"最具代表性；第三，注重培养国内稳定的滑雪人口，日本依据滑雪人群的分布和消费能力，将青少年和老年人确定为重点群体。

四、俄罗斯滑雪产业发展的模式分析

冰雪运动是俄罗斯人生活的一部分，为推动冰雪运动，政府出台了大量政策，兴建了冰雪基础设施，促进了俄罗斯滑雪产业的发展。俄罗斯滑雪产业起步早、发展成熟、体系完善，尤其在 2014 年索契冬奥会成功举办后，积累了丰富经验。俄罗斯滑雪产业的发展有其自身的发展优势：第一，俄罗斯得天独厚的地理优势，处于高纬度地区，冰雪资源丰富；第二，拥有深厚的冰雪文化底蕴，俄罗斯民族与生俱来的不畏艰险的性格造就了国民对冰雪运动的热爱。特别是 2014 年索契冬奥会的成功举办，为俄罗斯滑雪产业的发展注入了发展动力。2014 年冬奥会在索契的成功举办开启了俄罗斯联邦政府对冰雪产业新一轮雄心勃勃的投资计划，总投资 510 亿美元，超过历届冬奥会投资的总和，包括 14 座新建体育场馆、滑雪度假村，以及雪橇和跳台滑雪场地等。

俄罗斯拥有数量众多的山脉：从基比尼山脉的起伏丘陵到高加索的雄伟山峰和堪察加半岛的火山。俄罗斯自古以来就有滑雪运动，在俄罗斯（北部）维切格达盆地的辛多尔湖附近发现了一套公元前 6300 年的旧滑雪板。白海附近的公元前 3000—2000 年岩画也证实了俄罗斯古老的滑雪历史。到 21 世纪初，休闲滑雪变得更受欢迎，滑雪区得以开发或重新开发。2014 年索契冬奥会推动俄罗斯的滑雪场开发，俄罗斯滑雪产业成为一个不断增长且充满潜力的市场。在俄罗斯 1.4 亿居民中，只有 3% 是滑雪人口。然而，随着国内滑雪者人数的增加和国内滑雪场游客人数的增加，市场正不断扩大。

俄罗斯滑雪场数量自 2012 年以来显著增加。莫斯科周围约有 40 个小型滑雪场，圣彼得堡周围也分布着一些滑雪场。俄罗斯主要滑雪胜地位于乌拉尔和高加索山脉。截至目前，俄罗斯 83 个地区或主体中有 75 个拥有一个或多个滑雪场，滑雪场总计超过 350 个。

距离索契 70 公里的克拉斯尼亚波利亚纳度假村，是 2014 年冬奥会的主会场，拥有 4 座滑雪场。高加索是一个多山地区，包括厄尔布鲁克斯山，是世界上雪量最大的地区，具备与阿尔卑斯山竞争的自然潜力。西伯利亚的谢列格什滑雪场是俄罗斯最大、游客最多的滑雪场之一。它于 1981 年开业，拥有 18 部索道，斜坡总长度超过 50 公里。另一个受欢迎的西伯利亚度假胜地是位于贝加尔湖岸边的贝加尔斯克索波里纳亚。它拥有 7 部索道，包括 2 部专为初学者设计的索道。

综上所述，俄罗斯滑雪产业发展的独特特征如下：第一，滑雪旅游发展较为成熟，滑雪旅游的融合和多元化发展已趋于成熟；第二，滑雪场在空间上呈现"西密东疏"的分布特征，整体呈现聚集态势；第三，莫斯科州、大高加索山脉等冰雪资源丰富的地区，滑雪产业较为发达，而远东地区的基础设施建设和可达性相对较弱；第四，大型滑雪旅游度假区是俄罗斯滑雪旅游发展的重要载体。

五、国外滑雪产业发展模式对我国的启示

国外滑雪产业发展较为成熟，制度环境的健全、产业结构的优化以及良好的社会氛围都有力地推动了国外滑雪产业的发展。尤其是美国、法国和日本，在滑雪产业的发展模式方面积累了丰富的经验。从国外滑雪旅游的发展历程和模式来看，国外滑雪产业经历了不同的发展阶段，有着不同的发展模式，呈现出不同的产业特征。但总体而言，国外滑雪产业在充分利用各地资源的基础上，结合当地特色，遵循产业发展规律，选择适合自身发展的产业模式。

第一，政府、行业协会、企业、居民等利益相关者的全方位组织与配合，形成有效机制。政府积极发挥监管作用，社会团体和企业积极协作，形成各具特色的滑雪旅游运营体系。例如，法国政府高度重视滑雪旅游，积极根据产业现状调整产业政策；美国则通过民间机构调整产业政策等；在法国、意大利等滑雪旅游较为发达的国家，形成了"政府主导、市场运作、社会参与"的滑雪旅游开发模式。

第二，根据自身条件，将滑雪旅游的自然资源和文化资源相结合，发展独具特色的滑雪旅游项目。美国利用冬奥会的冰雪文化传承，法国着眼于山区的开发，日本则将温泉和滑雪相结合。此外，在滑雪旅游度假地，村落农户在整个产业中起到服务支撑和文化传播的作用。

第三，充分进行市场调查，关注居民意愿。通过深入的市场调查了解居民意愿，重点关注冰雪运动爱好者，吸引青少年是各国滑雪旅游的普遍共识。

第四，大型滑雪旅游度假区是滑雪产业发展的重要载体。无论是法国，还是美国，大型的滑雪旅游度假区承载了绝大部分的游客，滑雪旅游的市

场相对集中。大部分滑雪旅游消费者集中在年均滑雪人次超过 10 万的大型滑雪场。

第五,滑雪产业的产业集聚现象明显,与周边产业的融合加剧。政策倾斜、资源共享和人才流动为滑雪产业的发展搭建了良好的协作平台,成功实现合作共赢。滑雪产业与其他产业的融合程度较高,成为各地滑雪产业可持续发展的重要保障。

六、本章小结

从世界滑雪产业的发展趋势来看,我国滑雪产业仍处于初级发展阶段。国际滑雪旅游度假区主要可分为"三区一心"。三区包括以阿尔卑斯山脉地区和北欧各国为代表的欧洲区,以日本、韩国、中国为代表的东亚区,以美国科罗拉多州落基山脉和加拿大惠斯勒地区为代表的北美区,其中阿尔卑斯山脉地区的高山大型滑雪旅游度假区是国际滑雪旅游度假区的核心。因此,借鉴世界先进地区滑雪产业的发展经验,对我国滑雪产业的高质量发展具有重要的促进作用。

第七章 新时代我国滑雪产业升级的动力机制分析

一、滑雪产业升级动力系统结构模型

从发展的实践来看，滑雪产业升级动力系统由资源、经济、环境、社会文化四大动力子系统构成。每一个子系统由相互联系、相互影响的要素组成。滑雪产业升级动力系统通过与制度、市场、资本、技术、文化、生态所组成的系统环境密切交互，从而形成系统整体，在系统内部、系统之间、系统与环境之间产生复杂交互的关系。经过反复论证和推断，构建滑雪产业升级动力系统的模型框架，在整个模型中，包含滑雪产业发展的主体，同时依据"推—拉理论"，将滑雪产业升级的动力机制分为内生推力和外生拉力，通过结合滑雪产业发展的具体环境特征，形成具有特定功能的滑雪产业升级的有机整体，并依据相关理论和模型，构建滑雪产业升级的动力系统结构图，如图7-1所示。

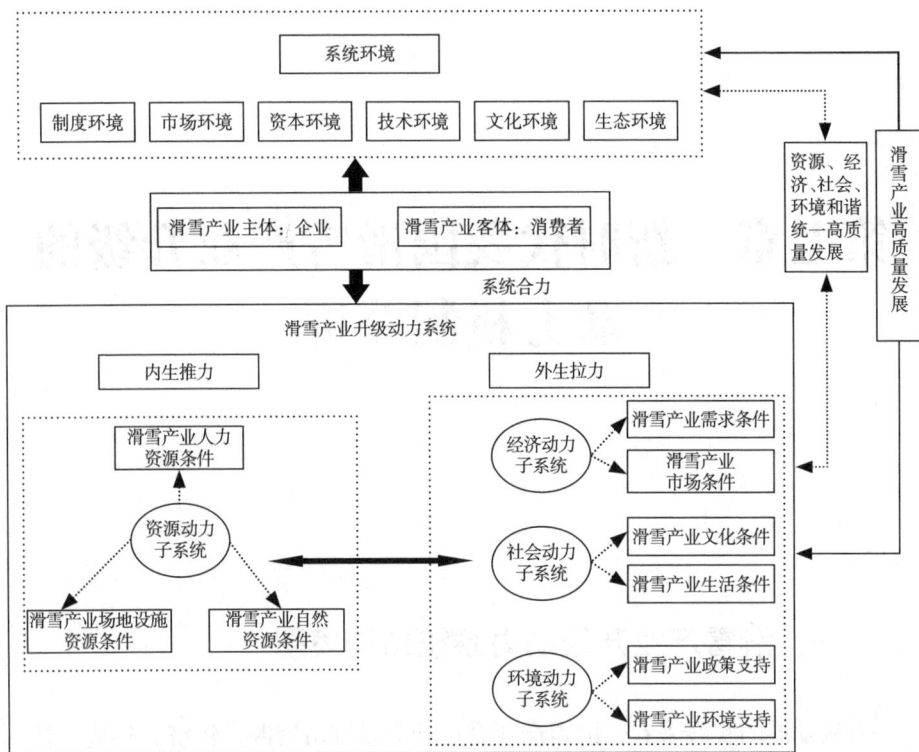

图7-1 滑雪产业升级动力系统结构模型

基于滑雪产业资源的价值实现机制，结合相关理论，将滑雪产业的高质量发展动力系统分成内生推力和外生拉力。内生推力是滑雪产业发展的基础，也是滑雪产业升级的内在力量，是一个区域内滑雪产业发展的重要依托。内生推力具体表现为滑雪产业资源动力，包含滑雪产业的自然资源、人力资源和场地设施资源等。外生拉力是滑雪产业升级的重要动力，决定一个区域内滑雪产业发展的成熟度和发展速度。外生拉力是促进滑雪产业升级的外部动力，包含经济、社会和环境外部力量的推动，由滑雪产业消费者的需求、地方政府的支持、滑雪产业环境等组成。从"推—拉理论"的角度来看，两股力量相辅相成，互为补充，共同促进滑雪产业的高质量发展。

（一）内生推力系统

内生推力的具体表现形式为资源动力子系统，该子系统主要由滑雪产业自然资源条件、人力资源条件，以及场地设施条件构成。

在滑雪产业升级的整个系统中，滑雪企业是滑雪产业升级的主体。滑雪业作为体育业与旅游业融合的产业，滑雪旅游企业是开展滑雪旅游活动、推进滑雪旅游市场化的关键主体。滑雪旅游企业涉及促进其发展的"吃、住、行、游、娱、购"等多个方面。在这个系统内，滑雪旅游业所涉及的企业只有进行积极的良性互动，才能形成有效的规模经济，推动滑雪旅游业的可持续发展，为滑雪旅游业的高质量发展奠定基础。同时，在一个区域内的滑雪旅游产业的规模化和集群化发展将有助于滑雪旅游产业集群的形成，将形成滑雪旅游业的集群优势，促进知识的溢出和价值的创造。此外，在滑雪旅游资源的价值转化过程中，滑雪旅游产品的生产、冰雪营销、冰雪形象创意、冰雪运动体验需求的满足等一系列滑雪旅游资源的价值转换过程中，滑雪旅游企业都是其背后重要的运作主体。特别是对于滑雪产业升级最重要的核心主体滑雪旅游景区、滑雪场等都是重要的市场主体，这些企业将滑雪旅游资源转换为滑雪旅游产品和服务，并最终通过满足消费者的消费需求，将资源转变为旅游消费和效益。因此，在滑雪产业升级的过程中，滑雪旅游企业是其中重要的主体，是一个区域内滑雪产业升级的重要内生动力。

对于滑雪旅游业而言，滑雪旅游资源是滑雪产业升级的核心，滑雪旅游资源受独特的气候条件和地理条件影响，形成了具有独特价值的滑雪旅游资源。滑雪旅游资源的价值实现随着滑雪消费者和滑雪旅游经营者的变化而改变。滑雪旅游的经营者通过不断分析滑雪消费者的实际需求，同时仔细甄别滑雪旅游资源的价值，在做好消费需求和旅游资源价值契合的基础上，制定一定规模的开发计划，并且根据开发计划，将具有开发价值的滑雪旅游资源以滑雪产品、滑冰服务、冰雪观赏产品等多种形式呈现给消费者，从而满足消费者的消费需求，同时获取经济效益。滑雪消费者在对滑雪旅游产品进行游览和体验的过程中，通过满足他们娱乐和运动的需要，从而实现滑雪旅游资源的审美和体验价值。对于滑雪旅游经营者而言，将滑雪旅游资源的自然价值和滑雪旅游经营者的劳动价值进行有效地结合，从而构成滑雪旅游资源的总价值。因此，在滑雪产业升级的过程中，作为滑雪旅游经营者的企业和滑雪消费者是相对的主客体，两者之间相互作用、相互联系同时又相互制约，共同作用于滑雪旅游资源而形成价值的转换。

由于滑雪旅游资源价值的实现离不开滑雪旅游经营者的劳动价值，因此在滑雪产业升级的进程中，人力资源是促进滑雪产业升级的重要力量，滑雪旅游价值的实现更多地依赖各类人才的劳动转化。滑雪旅游业的发展尤其需要体育产业与旅游产业结合型人才，主要包括四类相关人才：滑雪项目类人才、滑雪旅游产业开发类人才、滑雪旅游产业管理类人才以及滑雪服务类人才。第一类是滑雪项目类人才，主要包括滑雪运动员、教练员、滑雪科研人员、滑雪教练培训人员等，他们是实现滑雪旅游业可持续发展的核心力量，是滑雪旅游业发展的重要人才资源。滑雪运动对滑雪技术的要求颇高，滑雪教练员队伍肩负着提升滑雪消费者技术的重任，在教授滑雪消费者相关的滑雪运动知识的同时，积极引导滑雪消费者参与滑雪运动。第二类是滑雪旅游产业开发类人才，主要指负责滑雪旅游产品设计开发、冰雪产品市场营销以及滑雪旅游场地设计的人才等，滑雪旅游业的开发与设计是滑雪旅游业资源实现过程中的关键力量，也是滑雪旅游业复合型人才的重要组成部分。滑雪规划人才、滑雪产品设计人才等对优化滑雪旅游业的产业结构、开拓更多的滑雪旅游产品以及促进滑雪旅游业的高质量发展都具有重要的现实意义。第三类是滑雪旅游产业管理类人才，包括滑雪旅游业发展所需要的场地管理、酒店管理、企业管理和市场营销等相关人才，这些专业化的人才极大地提升了我国滑雪旅游业发展的层级和质量，是滑雪旅游业实现提档升级的重要力量。第四类是滑雪服务类人才，滑雪服务类人才作为滑雪旅游业发展的基层工作人员，直接影响着滑雪旅游服务的质量，如酒店服务人员、雪具和冰刀的租赁人员等，都是滑雪产业升级不可或缺的一环。

滑雪设备设施是滑雪旅游业的重要竞争动力，也是滑雪旅游业发展的重要基础。滑雪旅游业不同于其他产业，其所提供的产品和服务会因规模而异。在国内外的滑雪旅游度假区中，优质的滑雪索道和滑雪缆车的运营是国外滑雪场运营的重要组成部分，也是一个滑雪度假区的最大投资，如 1996—1997 年雪季，美国新建和更新的索道投入超过 10 亿美元，国内许多地方的拖挂索道建设投资达数千万元。同时，鉴于滑雪产业的特殊性，需要大量的造雪机、压雪机和切冰机等专业设备，以制造出适宜滑雪的理想积雪层并对滑雪道进行日常养护。此外，滑雪度假区还包括滑雪设施、住宿、餐饮、滑雪学校、冰雪装备租赁和零售店等。大多数滑雪旅游度假区内设有住宿设施，以及各类餐厅、酒吧、咖啡厅和自助餐馆，同时还设有为消费者提供指导的滑雪学校。综上所述，在滑雪旅游业的高质量发展中，滑雪产业的设备设施是重要的基础设施，发挥着关键的保障作用。

滑雪旅游业的高质量发展还牵涉其他产业资源。滑雪旅游业的高质量发展因其独特的发展模式，涉及诸多行业。交通运输业、文化产业、农业、制造业、会展业等都与滑雪旅游业存在密切联系，滑雪旅游业在区域经济发展方面呈现出极强的关联性。尤其在滑雪旅游资源丰富的地区，许多产业的发展都围绕滑雪旅游业而展开，相关产业的发展推动了区域内滑雪旅游业的发展，滑雪旅游业的发展也促进了相关产业的繁荣。例如，以滑雪产业为主导产业的滑雪旅游地区，高铁的开通将极大地促进滑雪旅游的发展，方便游客的出行；滑雪旅游业的兴起将带动当地农业的发展，随着游客数量的增加，农产品的销售也将相应增长；游客多样化的需求和消费动机将增加不同的消费模式和消费产品，进而推动区域内其他产业的发展。

（二）外生拉力系统

滑雪产业升级的外生拉力系统主要由经济动力子系统、社会文化子系统和环境动力子系统构成。

1. 经济动力子系统

经济子系统主要由滑雪产业的需求条件和市场条件组成。滑雪业的市场需求和市场形成是滑雪产业升级的重要驱动力。旅游需求是指具有购买力的消费者对某一旅游项目和旅游活动的购买欲望,在一定时间和价格下,愿意出钱购买的旅游产品数量。国内旅游需求受经济条件影响较大,在滑雪旅游业的发展过程中,消费者的人数多少和收入多少、消费者人均消费水平高低都可以反映需求的强弱,消费者的需求必然带动其他层面的发展。消费者在参与冰雪运动的过程中,主要有运动体验和休闲度假两大基本需求,并向外延伸,为滑雪旅游提供产品和服务的业态也在不断衍生。中国旅游研究院 2021—2022 冰雪季滑雪旅游专项调查显示,每年有 63.3% 的人体验过 1 ~ 2 次滑雪旅游,有 24.8% 的人体验过 3 ~ 4 次滑雪旅游,高频次的滑雪旅游消费成为新特征,服务自助化成为游客在滑雪旅游中的重要倾向,滑雪旅游观光和休闲度假并重成为滑雪旅游市场发展的新特征。[1]

地方经济的发展对滑雪旅游业的发展也具有重要影响。滑雪旅游业的发展对经济的影响是多元的。一方面,滑雪旅游目的地的经济发展水平和所处的经济发展阶段代表着其能满足旅游者多重需要方面的能力大小[2];另一方面,当地的经济发展水平也代表着当地旅游设施的性质和吸引力。滑雪旅游业的发展将通过雇佣更多的本地和外地劳动力,促进地方经济的发展。

2. 社会文化子系统

滑雪旅游业的社会文化子系统,是指在自然与社会发展进程中,形成的以冰雪和气候旅游资源为依托的旅游目的地的社会生活方式系统。借助这一系统,消费者通过滑雪旅游活动而产生的社会文化现象总和。在高质量发展的过程中,滑雪旅游业的社会文化效应起到关键性的作用。此时,

---

① 刘佳. 2021-2022冰雪季我国冰雪休闲旅游人数将达3.05亿人次[EB/OL].(2022-01-07)[2022-10-20]. http://ent.people.com.cn/n1/2022/0107/c101-32326391.html.

② 谢彦君. 基础旅游学[M]. 北京:商务印书馆,2015.

滑雪旅游业的发展不再局限于旅游产业的"六要素"产业模式，而是强调全域的旅游文化融合与滑雪旅游化的升级。通过滑雪旅游发展的产业化，丰富滑雪旅游产品，扩大滑雪旅游产业规模，同时促进相关产业链条的延伸和产业的升级增值，从而形成真正的滑雪旅游大产业格局。在这样的格局下，以滑雪旅游业为依托，以地方文化为内涵，融合生态康养、休闲娱乐、主题度假等复合功能，配套国际高品质的度假设施，打造国际一流的冰雪文化旅游度假项目。滑雪旅游与文化的深度融合是滑雪产业升级的重要特色，同时滑雪旅游业的高质量发展也将对区域内的社会发展起到积极的推动作用。交通全域化、旅游厕所等公共服务设施全域覆盖，将有力促进当地社会经济的发展，如我国尚志市、吉林市等地的滑雪旅游业的发展，都有效地推动了当地社会经济的进步。

3. 环境动力子系统

环境动力子系统主要由滑雪旅游的政策支持和环境条件构成。政府作为我国滑雪旅游业发展的重要支持和监管主体，在北京冬奥会申办的背景下，各地滑雪旅游业的发展都得到了地方政府的高度重视。除制定与国家相关冰雪的配套政策外，还积极推动滑雪旅游业的招商引资工作。例如，吉林省对滑雪旅游业极为重视。2016 年 9 月，吉林省委、省政府出台了《关于做大做强滑雪旅游的实施意见》。吉林省通过一系列政策措施，将冰雪作为引领经济转型升级的重要动力，高层推动和政策协调联动。2018 年，吉林省强力推动实施了《全面推进滑雪旅游发展的"十大工程"任务清单》，落实 78 项任务，统筹各个部门职能，在用地、投融资、财税、教育、交通等方面提出多项优惠政策；通过突出项目引领，营销促动，优化产业布局。万科松花湖国际旅游度假区、万达长白山国际度假区和北大壶滑雪度假区三大滑雪度假区形成了吉林省滑雪旅游基本格局；聚焦需求拉动，多业融合，培育壮大冰雪市场。2018—2019 年雪季，吉林省接待游客 8 431.84 万人次，实现旅游收入 1 698.08 亿元，分别比起步之年（2015—2016 年）雪季增长了 62% 和 86%。同时，吉林省还将开设两个大型滑雪场，长白山鲁能和长白山天池雪，将与万达长白山构成新的滑雪产业集群。从吉林省滑雪旅游业的发展实践来看，政府通过制定和完善政策法规，运用宏观调控等手段干预和调控滑雪旅游业的产业发展规划，进而影响产业布局。

滑雪旅游业与自然环境息息相关，特别是近年来欧洲对滑雪旅游业的研究大部分集中在气候变化后阿尔卑斯降雪量的减少对滑雪旅游业的影响。同时，滑雪旅游业必须依靠地形地貌，且消耗大量的水资源。因此，滑雪旅游业的高质量发展必须与生态环境保护相结合，产业开发不能以牺牲生态环境为代价，其前提必须是保护环境。滑雪旅游业的发展必须坚持"绿水青山就是金山银山""冰天雪地也是金山银山"的理念，坚持生态保护和发展的底线，坚持尊重自然、顺应自然、保护自然的基本价值取向，坚持绿色循环低碳发展的基本路径，走出一条具有中国特色的滑雪旅游与生态文明相辅相成、相得益彰的新路子，实现滑雪旅游资源的永续利用和滑雪旅游产业的可持续发展。

二、滑雪产业升级动力因素

（一）滑雪产业升级动力因素选择的基本依据与方法流

前文已对滑雪产业升级进行了基本理论分析，选择动力因素的基本依据至关重要。因此，本书认为滑雪产业升级的动力因素选择的基本依据是以滑雪旅游业发展现状为基础，分析滑雪产业升级的影响因素，作为滑雪产业升级的基本参照。分析滑雪旅游业所具备的条件，是否适合全域旅游的发展，从滑雪旅游业战略发展角度，选择出滑雪产业升级的动力因素。

1.滑雪产业升级影响因素指标的选择

滑雪旅游业由不同行业类型共同构成，滑雪旅游产业的高质量发展是体育产业内部各行业间结构合理化与高度化的动态过程。滑雪旅游业的高质量发展不仅有其自身发展规律和内在成长机制，同时也是与其他影响因素耦合的过程。滑雪旅游业的高质量发展受诸多因素的综合影响，是地区自然资源条件、经济社会因素、文化、制度等众多要素共同作用与相互影响的过程，其内部结构是极其复杂的巨型系统。对滑雪产业升级条件及影响因素的解析，应该从行业自身和地域视角两个方面加以分析和判断。

（1）影响因素选择的指导思想

影响因素的选择是确定滑雪产业升级动力因素的基础与前提。通过对相关理论中关于滑雪旅游业发展条件的内容分析，依据滑雪旅游业及其不同行业的特征与发展要素等实践需求，借鉴区域滑雪旅游以及文化、旅游等相关产业影响因素的研究成果，选择影响因素指标。在初始指标设定过程中需要考虑一系列问题。

首先，滑雪旅游业影响因素的分析应借鉴区域经济理论、产业经济理论、产业布局理论的有关因素。同时根据旅游业的内涵与特征，旅游竞争力理论、旅游产业融合理论对滑雪产业选择具有重要指导意义，这些理论中涉及产业发展条件的因素将为滑雪产业升级影响因素的选取提供重要借鉴。

其次，考虑滑雪产业升级不同模式发展需要的现实与未来的影响因素。滑雪产业外延广泛，不同行业类型的特征各异，需要全面考虑各行业发展的影响因素。同时，这些影响因素的选择不仅应考虑滑雪旅游业发展的现实基础，更应从滑雪旅游业的发展潜力与未来走向角度考虑。

再次，考虑滑雪旅游所需环境条件等有关因素。滑雪产业升级是对区域而言的。因此，我国具备哪些因素或条件，这些因素对滑雪产业的发展具有重要意义，也是影响我国滑雪产业发展的重要因素，必须考虑在内。

最后，考虑影响滑雪产业升级的因素。鉴于本书的研究目的在于探寻滑雪产业升级的动力系统分析，那么对影响滑雪旅游业的其他因素也应纳入考虑范围，其中涉及滑雪产业升级的影响因素也是滑雪产业升级影响因素指标体系的考虑范畴。[①]

对滑雪产业升级的理论分析为滑雪产业升级影响因素框架的确立提供理论指导。笔者在第一轮专家访谈中采用开放式访谈，获取滑雪产业高质量发展影响因素的维度与具体内容的建议，同时在实地调研中对产业实践具体问题的了解为影响因素指标的选择提供现实依据。理论指导与现实分析有利于影响因素指标的选择与确立。

（2）影响因素指标的选择方法

对滑雪产业升级主要影响因素的遴选和评价是一项较为复杂的系统工程，需依靠不同研究领域专家的智慧、管理层的经验和不同行业从业者的实践，以及研究者的详尽分析，才能得出较为全面的结论。

在评价指标体系的建立或指标的选择中，德尔菲法应用广泛。本书采用德尔菲法确定影响因素指标集，在对文献综述中涉及的影响因素进行全面整理汇总、归类分析的基础上，通过多轮次调查专家对影响因素所涉题项的看法，采用访谈与问卷调查相结合的方式，经过多次半结构式访谈、征询、归纳和不断修改专家，最终遴选出滑雪产业发展的预设影响因素，并制定影响因素表，具体步骤如下。

①初拟问卷

按照本书所需的知识范围确定专家组成员。依据滑雪产业升级影响因素指标体系构建的目的，分别从滑雪旅游理论研究、滑雪产业管理领域以及运作层邀请相关专家对问卷中的影响因素设置进行匿名评价。在访谈过程中向所有专家说明所需预测的问题及相关要求，在问卷设置中详细说明研究目的、研究内容等背景材料，请各位专家根据经验提出自己的意见。

②专家团队的组成

本书初始影响因素的确定采用管理人员、实践操作人员和专家共同参与的形式，共访谈了 14 位专家，其中 7 位具有多年滑雪理论研究经历，7

---

① 董小亮. 区域体育产业竞争力分析与评价［D］. 江苏：江苏大学，2010.

位具有从事滑雪产业管理经历，5 位具有滑雪产业运作经验，见表 7-1。

表 7-1　调研专家人员表

姓名	职称 / 职务	所在单位	从事领域		
			理论研究	产业管理	产业运作
李某某	教授	哈尔滨体育学院	√		
阚某某	教授	哈尔滨体育学院	√		
唐某某	教授	黑龙江大学	√		
张某某	教授	哈尔滨体育学院		√	√
李某某	教授	哈尔滨体育学院	√		
张某某	教授	哈尔滨体育学院	√		
王某	教授	哈尔滨体育学院	√		
蒋某某	教授	北京体育大学	√		
吴某某	副教授	河北体育学院	√	√	
田某	总经理	石家庄勒泰欧悦体育娱乐有限公司		√	√
赵某	负责人	雪神俱乐部		√	√
张某某	副处	我国体育局产业处		√	√
赵某某	副教授	国家体育总局体育科学研究所	√		
刘某	负责人	企鹅俱乐部		√	√

③影响因素问卷的形成过程

在调查问卷编制过程中首先考虑问卷题项的设置问题，即滑雪产业升级的影响因素指标，具体形成过程如图 7-2 所示。

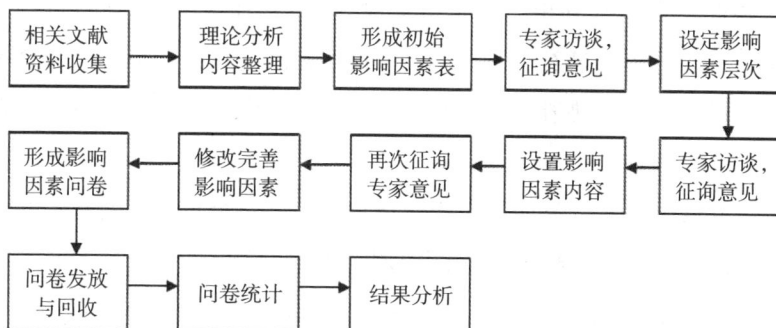

图 7-2　滑雪产业升级影响因素问卷形成流程

首先，设置影响因素的层面或维度。就滑雪旅游业的发展而言，影响因素是多方面的，这就需要先确定影响因素的层面。本书采用滑雪产业升级理论指导与专家访谈相结合的方式。一方面，借鉴相关理论的分析框架设置影响因素维度；另一方面，采用半结构式专家访谈的方式征求专家的意见与建议。

其次，确定具体的影响因素指标。具体因素是对影响因素层面的细化和支撑，将文献综述中涉及的因素和访谈中了解到的因素分类列入相应的指标层级，初步形成影响因素备选方案，制定初始问卷。第二轮专家访谈，重点对具体因素的设定进行意见征询。主要请专家对指标的设置以及所含具体因素能否全面、有效反映影响因素层面提出建议。通过对多位专家的访谈，笔者根据专家意见的汇总与分析，对指标的层级和具体内容进行了多次修改：有专家建议在具体因素中应明确说明各指标的具体含义，对此，笔者在问卷背景知识中对各个指标的含义进行了解释与说明。有专家指出具体因素中应统一采用单一因素单列的标准，如笔者在初始影响因素表的某个指标中将旅游、餐饮、住宿条件列为一个具体因素，应采用一个综合因素反映该问题，而不是分列几个因素。笔者对此进行了修改，将通过滑雪旅游业实力与基础设施两个因素反映上述问题。有专家指出地方 GDP 是影响滑雪产业升级的重要因素。笔者认为在指标的设置中已经提出居民收入水平、固定资产投资指标，涵盖了这一因素，因此未将此因素单独列出。关于全域滑雪旅游人口数量的所属问题，有专家认为该指标应归属社会文化因素，而不是经济因素。笔者认为全域滑雪旅游人口的数量反映滑雪旅游业的供需情况，更重要的是该指标是影响滑雪旅游消费的重要因素。

最后，通过几轮专家访谈与问卷调查，提出一个较为全面有效的影响因素表，最终形成滑雪产业升级的影响因素指标问卷。

2. 我国滑雪产业升级影响因素指标的筛选

滑雪产业发展依赖于产业竞争力。滑雪产业升级的基础要素是资源禀赋（包括自然资源和社会资源），同时受经济、社会文化、环境等因素的影响。通过与滑雪产业及相关领域专家的多次访谈，对滑雪产业高质量发展的影响因素进行问卷调查，最终确定为 4 个维度、20 个影响因素，并深入阐述各影响因素的内涵，进而根据滑雪产业升级现状确定高质量发展的影响因素，见表 7-2。

表 7-2　滑雪产业高质量发展的影响因素

序号	影响因素	内涵解析	维度
1	滑雪旅游地生态环境	滑雪旅游地空气质量、水环境质量等	
2	地方冰雪发展规划	是指区域冰雪的资源开发利用，环境治理保护与控制，生产建设布局，城乡发展以及区域经济、人口、就业政策的综合性规划	
3	冰雪政策	是指地方政府为优化资源空间配置、预防和解决经济运行实际问题而制定和实施的政策体系	环境
4	产业管理体制	是指旅游和体育部门设置、权限划分与运行机制等体系和制度的总称[①]	
5	科学技术因素	是指滑雪产业发展过程中的科学指导思想和技术创新因素	
6	雪季旅游收入	是用于衡量滑雪旅游业收入情况的数量指标	
7	固定资产投资	是指区域滑雪旅游资源、设施、相关旅游服务等要素的实力[②]	
8	滑雪旅游人口的数量	全域参加滑雪旅游活动的人口数量，包括经常从事冰雪运动、接受冰雪技能知识教育、进行专项运动训练的人口[③]	
9	区域外市场需求	是指一定时间和价格条件下，消费者对滑雪旅游产品愿意而且能够购买的数量	经济
10	居民收入水平	指我国居民的全部现金收入	
11	滑雪旅游者人均消费	是指在全域旅游区内滑雪消费者的人均消费水平	
12	家庭人均可支配收入	滑雪旅游地家庭人均可支配收入	
13	传统文化与风俗习惯	滑雪旅游区域内群体遵守的规则、习俗和行为模式	

---

① 包安霞. 论体育在构建和谐社会中的地位和作用 [D]. 重庆：重庆大学，2007：128-129.

② 黄中伟，胡希军. 旅游资源释义 [J]. 浙江师范大学学报（自然科学版），2002（2）：169-172.

③ 卢元镇. 体育人口：社会体育宏观管理的晴阴表 [N]. 学习时报，2006-03-06.

续表

序号	影响因素	内涵解析	维度
14	滑雪旅游文化认同	对滑雪旅游活动的思想体系和精神内涵具有较高价值判断	社会文化
15	滑雪旅游节庆活动	滑雪旅游地与冰雪有关的节庆活动	
16	居民参与滑雪旅游的情况	是指在滑雪旅游地参与滑雪旅游的基本情况	
17	滑雪旅游丰度	影响滑雪旅游产业发展布局的自然要素及其组成的自然综合体，自然资源是指能够被利用的资源要素	
18	基础设施条件	是指我国交通运输、邮电通信、供水供电等设施的财富存量。[①]需要说明的是，该指标不包括体育场馆设施等因素	资源
19	滑雪旅游场馆资源	是指可进行利用和选择的能够满足人们滑雪旅游活动需要且具有一定价值的运动场所[②]	
20	滑雪旅游人才资源	是指体育系统和旅游系统内的冰雪人才，包括公务员及事业单位管理人员、优秀运动员、教练员、专业技术人员、体育裁判员、社会指导员、企业人员、机关及直属事业单位工勤人员，所有滑雪旅游业从业人员	
21	其他因素	对上述滑雪旅游产业发展具有重要影响而未列入指标体系的因素	

　　根据以上 20 个影响因素对滑雪旅游产业高质量发展的影响程度按 Likert 量表五点计分，从"非常有影响、有影响、一般、不太有影响和没有影响"进行选择，分别以 5、4、3、2、1 表示。对 32 位专家进行访谈及问卷调查，其中包括滑雪旅游产业的相关学者、滑雪场高层管理人员、地方政府官员、滑雪俱乐部负责人以及滑雪爱好者等。共发放专家问卷 32 份，回收 30 份，回收率为 93.75%，有效率为 97.62%。

---

① 杨子君，麦发壮. 建立区域规划制度的必要性［J］. 城乡建设，2007（8）：24-27.

② 张涛. 江苏省高校体育场馆资源开放现状与影响因素分析［D］. 南京：南京师范大学，2008.

从表 7-3 中可以看出，尽管各因素对我国滑雪产业高质量发展的实现有着不同程度的影响，但从对各影响因素的分析来看，选择"非常有影响"和"有影响"的内容占比大于 40%，是对滑雪产业高质量发展资源价值的实现最具影响力的因素。因此，本书选取上述 20 个指标进行具体研究，并进一步确认了动力因素。

表 7-3　滑雪产业高质量发展影响因素一览表

单位：%

内容	非常有影响	有影响	一般	不太有影响	没有影响
1 滑雪旅游地生态环境	33.1	22.6	13.2	22.2	8.9
2 地方冰雪发展规划	21.1	57.5	10.6	5.4	5.4
3 冰雪政策	55.3	25.2	3.3	9.5	6.7
4 产业管理体制	54.9	20.8	17.7	3.3	3.3
5 科学技术因素	53.8	26.1	6.9	3.3	9.9
6 雪季旅游收入	47.9	28.2	10.5	6.6	6.8
7 固定资产投资	47.1	23.5	19.9	6.2	3.3
8 滑雪旅游人口的数量	33.3	10.9	12.8	19.9	23.1
9 区域外市场需求	26.6	13.1	25.4	19.6	15.3
10 居民收入水平	24.8	22.2	16.5	8.9	27.6
11 滑雪旅游者人均消费	24.5	25.3	17.7	9.9	22.6
12 家庭人均可支配收入	24.4	22.1	18.9	20.1	14.5
13 传统文化与风俗习惯	24.3	22.2	28.6	10.3	14.6
14 滑雪旅游文化认同	30.6	19.8	22.3	21.0	6.3
15 滑雪旅游节庆活动	20.2	20.2	17.7	25.5	16.4
16 居民参与滑雪旅游的情况	36.6	18.9	12.2	25.9	6.4
17 滑雪旅游丰度	38.9	19.2	16.4	10.8	14.7
18 基础设施条件	15.1	27.3	22.4	16.6	18.6
19 滑雪旅游场馆资源	10.7	28.4	32.2	18.5	10.2
20 滑雪旅游人才资源	10.3	33.3	21.9	18.7	15.8

（二）滑雪产业升级动力因素确定

在滑雪旅游资源的开发过程中，许多旅游资源都蕴含着丰富的价值，但由于各种因素的影响，我国很多旅游资源很难吸引到较多的游客，也未能形成良好的旅游资源价值。因此，滑雪旅游资源的价值形成不仅是其自身具有的本体价值所决定的，还受到很多外部因素的影响，如交通因素和文化环境对旅游资源的重新塑造。滑雪旅游产业资源作为旅游资源和体育资源的结合，具有体育资源和旅游资源的特征，在价值的形成过程中也会受到这些因素的影响。本书在查阅国内外相关资料后，对滑雪旅游资源地价值形成的因素进行了全面分析，并结合第一轮专家问卷的相关情况，综合考虑游客关心的一些重要问题，在剔除一些不适合滑雪旅游产业资源的因素后，选择了一些对滑雪旅游产业影响较大的因素，如滑雪旅游产业的安全程度、城镇建设情况、社会经济发展水平、当地居民素质等。此外，在对这些影响因素进行深入研究后，同时结合滑雪旅游产业的地域性、综合性、体验性等特点，再充分考虑滑雪旅游产业的生态因素，考虑文化因素对滑雪旅游产业的增值效应，游客对滑雪旅游产业的体验，政府对当地滑雪产业的重视程度等一系列因素后，确定了影响滑雪产业升级的动力因素主要包括以下几个方面。

1. 滑雪旅游产业所在地的自然资源禀赋 D_1

滑雪旅游产业的发展极其依赖自然资源，国内外对于自然资源的评价有着相对统一的指标，如整体景观的独特程度、影响范围程度、景区的舒服程度和服务水平，加上滑雪旅游资源所特有的季节性和地域性，使得滑雪旅游产业所在地的自然资源禀赋要求极高，排除室内的冰雪场馆，滑雪旅游是以冰雪气候旅游资源为主要的旅游吸引物[①]，滑雪旅游对山地的海拔和坡度有着严格的要求，尤其是大型滑雪旅游度假区的建设，必须充分

---

① 蔡维英，王兴华，张伟，等. 冬季不利气象条件群发特征及对吉林省滑雪旅游的影响 [J/OL]. 地理科学，2022：1–9（2022–07–13）［2022–08–02］. http://kns.cnki.net/kcms/detail/22.1124. P.20220711.2131.028.html.

考虑地点、海拔、地势等对适宜的积雪层厚度的影响，滑雪场的成功取决于地点、海拔、可供滑雪的区域、滑雪道的配置以及自然环境。因此，滑雪旅游产业所在地的自然资源禀赋是滑雪产业升级中的核心因素。

2. 滑雪旅游产业所在地的基础设施 D_2

滑雪旅游产业所在地的缆车数量、零售店和餐饮设施、各种面向不同消费群体的度假酒店、温泉设施、购物中心、会议设施等，对于以观赏游览为主要目的的滑雪旅游产业所在地来说，酒店、餐饮设施以及各类配套设施都是重要的考虑因素。对于大型的滑雪旅游度假区而言，缆车的数量是重要的考量指标，缆车和滑雪基地设施的建造规模能够平衡索道运输的承载力与雪道的承载力，从而提高旅游者索道的使用效率，同时基础设施的差异化也是滑雪旅游产业所在地面对市场多元化的积极应对。

3. 滑雪旅游产业所在地的社会印象 D_3

滑雪旅游产业所在地的印象是该旅游目的地给旅游者留下的最初印象，也是旅游者对目的地的整体印象。因为人们对一个地方的基本印象和社会感知通常源自电视、网络等媒体传播，或由去过该地的人介绍而得知，但这一最初留给旅游者的印象，往往会对滑雪旅游产业资源的吸引力产生影响。

4. 滑雪旅游产业所在地的生态环境 D_4

生态环境质量是指为发展滑雪旅游产业所依赖的自然环境，这一指标的衡量，通常采用生态环境指数和环境污染程度两项指标来评估。

5. 滑雪旅游产业所在地的安全程度 D_5

滑雪旅游产业活动的开展，对安全环境要求颇高。尽管人们参与滑雪旅游的目的各异，但他们都有一个共同前提，即必须确保滑雪旅游产业所在地的安全以及参与滑雪旅游活动时的安全。同时，滑雪旅游产业所在地的社会治安、自然环境的安全程度，都会成为重要因素。因此，在这一影响因素中，我们仅探讨滑雪旅游产业所在地的安全因素，主要涵盖自然环境安全和社会环境安全两个方面。自然环境安全因素，主要指滑雪旅游产业所在地周边的地质、地貌以及发生地质灾害的可能性大小，这些是决定一个滑雪旅游产业的最基本条件。社会环境安全方面，主要指滑雪旅游产业所在地的社会安全程度，社会的稳定、治安的健全、良好的卫生状况，都是社会安全因素考量的指标。

6. 滑雪旅游产业所在地的城镇条件 D_6

滑雪旅游产业所在地的城镇建设往往对旅游者有种特殊的吸引力。由于旅游活动的开展需要一定物质条件的支撑，具备良好配套设施的城镇，将为滑雪旅游产业所在地提供良好的物质保障，同时能多方面促进滑雪旅游产业的发展水平。滑雪旅游产业所在地主要的考量指标包括区域内的城镇分布情况和城镇的发展水平。

7. 滑雪旅游产业所在地的价格水平 D_7

价格水平包括滑雪旅游产业所在地的日常居民的消费价格和当地旅游产品的消费价格。日常居民的消费价格影响着滑雪旅游产业所在地的支出，进而影响滑雪旅游产业所在地的利润。而旅游产品的消费价格则直接影响旅游者的购买意愿，当旅游产品的消费价格偏离正常的消费价格时，旅游者就可能会将旅游消费转向其他替代品，甚至更换滑雪旅游地。

8. 滑雪旅游产业所在地的社会经济发展水平 D_8

滑雪旅游产业所在地的社会经济发展水平，对滑雪旅游产业的发展至关重要。滑雪旅游产业所在地，需借助当地诸多基础设施建设成果，如交通设施建设、医院建设、旅游接待设施建设、旅游服务设施建设等，这些设施的建设情况与滑雪旅游产业所在地的社会经济发展水平紧密相关。

9. 滑雪旅游产业所在地的旅游形象 D_9

滑雪旅游产业所在地的旅游形象直接影响着人们对其的好感度。旅游形象的塑造主要通过当地政府的旅游形象塑造工程来实现。政府部门可借助网络、电视、自媒体、报纸等多种渠道宣传当地的旅游特色。政府对旅游发展的重视程度、旅游形象宣传的特色、对旅游突发事件的处理速度以及滑雪旅游产业所在地对游客的亲和力等，都是影响滑雪旅游产业所在地旅游形象的重要因素。随着旅游业的迅猛发展，各地政府在打造旅游形象方面不遗余力，而能否给游客留下良好的第一印象，是评判旅游形象构建成功与否的标准。

10. 滑雪旅游产业所在地的社会开发程度 D_{10}

旅游本身就是一个交流的过程，在这个过程中，人们得以沟通信息，并从中获得愉悦的体验。因此，当地居民对旅游开发的接受程度以及对旅游的开发意识，都是影响滑雪旅游产业建设的重要指标，且直接影响着滑雪旅游产业开发的规模、深度和产品投放。由于旅游活动的开展会直接引发外来文化的碰撞，这种冲突的化解程度与当地的社会开发程度相关。

11. 滑雪旅游产业所在地的服务设施 D_{11}

滑雪旅游产业虽依托滑雪场或滑冰场等滑雪设施，但对配套服务设施的要求也很高。从滑雪旅游产业的盈利状况来看，留住过夜游客是增加盈利的重要手段。因此，滑雪旅游产业所在地的服务设施至关重要，具体包括当地的住宿设施、娱乐设施、餐饮设施、文化设施等，这些设施能够满足游客对旅游体验的多样化需求。

12. 滑雪旅游产业所在地的交通成本 D_{12}

滑雪旅游产业所在地的一个显著特点是旅游活动的异地性。因此，滑雪旅游者需借助交通工具抵达滑雪旅游产业所在地。交通成本的高低直接影响着旅游者对旅游活动的满意度。如果交通成本在旅游活动中所占比例越大，旅游者对旅游地的满意度则会越低。

13. 滑雪旅游产业所在地的交通便捷性 D_{13}

滑雪旅游产业所在地的便利程度体现为旅游者前往目的地所需规划的时间和精力，旅游者花费的时间、精力和费用是衡量交通便捷性的重要指标。

14. 居民可自由支配收入 D_{14}

居民的可自由支配收入指在一定时期内，通常为一年，全部收入扣除日常开销和预防意外支出的储蓄后剩余的部分。可自由支配收入是检验居民支付能力的重要指标。体育旅游是一种有效的需求，这种需求必须以支付能力为基础。可支配收入反映了一个人对旅游消费的支付能力，因此，可支配收入与旅游需求呈正相关，而旅游需求则代表着旅游市场对旅游资源的认可程度。

15. 闲暇时间 D_{15}

闲暇时间的概念指一个人除谋生和自我实现外可自由支配的时间。从实践来看，在其他因素不变的情况下，如果剩余时间越多，对旅游的需求则越大，因此它与旅游资源的价值实现呈正相关。

16. 旅游者对于冰雪运动的好奇与向往 D_{16}

随着旅游业的迅猛发展，人们的旅游需求日趋多元化，尤其是在冬奥会的推动下，众多旅游者对滑雪旅游产生了浓厚的兴趣和参与欲望，但是受滑雪旅游产业所在地域性和季节性的制约，我国许多旅游者难以轻易开展冰雪运动。尽管南方旅游者对冰雪运动饶有兴致，但尚未充分激发他们参与滑雪旅游的热情。

17. 滑雪旅游产业所在地的居民素质 D_{17}

滑雪旅游产业所在地的居民素质主要涵盖其受教育程度和基本素质水平。居民素质直接影响着滑雪旅游产业所在地的服务环境和文化氛围，进而对旅游者的体验产生重要影响。素质较高的居民能够在无形中提升旅游者的旅游感知，塑造良好的滑雪旅游形象，为滑雪旅游资源的开发营造优越的环境。

18. 文化差异性 D_{18}

文化作为社会的重要组成部分，代表着一个地区物质和精神财富的总和，包括人们的价值观、信仰、观念以及艺术、民俗、饮食、舞蹈和宗教等方面。滑雪旅游产业的差异化和独特性在很大程度上源于滑雪旅游资源与当地文化的融合，这也是吸引旅游者承担交通成本并产生出游动机的重要原因。例如在我国滑雪旅游产业的开发过程中，滑雪旅游产业与当地欧陆风情、东北特色文化的融合，使其在国内滑雪旅游业中独树一帜。

19. 语言障碍 D_{19}

语言是文化的重要载体。旅游者在滑雪旅游地的交流过程中，语言沟通是他们深入了解当地滑雪旅游文化的重要手段。良好的语言沟通条件能够为旅游者提供更全面、便捷的信息，而语言障碍则可能成为滑雪产业升级的重要阻碍。例如，我国东北地区发展滑雪旅游业的优势之一在于该地区语言的统一性，同时，该地区方言自带的喜剧元素和亲和力也是东北地区发展滑雪旅游业的重要优势。

20. 政府对滑雪旅游产业形象的塑造 D_{20}

在滑雪旅游业的高质量发展进程中，政府对滑雪旅游产业形象的塑造至关重要。政府在滑雪旅游产业所在地的形象策划、市场营销、制度供给和部门协调等方面，将推动滑雪产业升级，助力高质量发展示范区的打造。

21. 政府对滑雪旅游产业负面效应的解决 D_{21}

滑雪旅游产业可能因不当发展而引发一系列问题，如对生态环境的影响、对当地居民的影响等。在滑雪旅游产业的发展过程中，政府扮演着重要角色，作为政策的制定者和执行者，有责任妥善解决和有效控制好滑雪旅游产业的负面效应。特别是在协调旅游企业与当地居民之间的矛盾、消除滑雪旅游对当地居民的消极影响、应对网络上对滑雪旅游的负面评价等方面。政府对滑雪旅游产业负面效应的应急机制和解决方案的设定，都体现了地方政府的执政水平和产业支持能力。

22. 政府对滑雪旅游产业的政策支持 D_{22}

政府对滑雪旅游产业的政策支持主要指在滑雪旅游产业高质量发展过程中，为当地滑雪旅游业发展提供的政策扶持，如土地政策、税收优惠政策、招商引资政策、融资政策、人才引进政策等。

（三）滑雪产业升级动力系统指标体系确定

为了更深入地分析滑雪旅游产业高质量发展的动力机制，笔者设计了一份涵盖影响滑雪产业升级动力因素的调查表。该调查表包含22个因素，选取了吉林省的万科松花湖滑雪旅游度假区和哈尔滨市共计500名游客进行访谈调查，并采用Likert5级评分法，要求游客对每个因素进行相应打分，分别为"非常低、较低、无所谓、较高、非常高"，用1～5共5个数字表示。通过对22个影响因素对滑雪旅游产业资源价值的影响程度进行打分和归类，运用SPSS12.0对所获得的数据进行因子分析，得到的主要结果见表7-4。将动力机制因素归类，得到结果见表7-5。

表7-4　变量特征值和方差贡献率

序号	特征值	方差贡献率/%	累计贡献率/%
1	4.851	53.876	53.876
2	1.684	18.711	72.387
3	1.353	15.033	87.62
4	1.112	12.356	100

表7-5　影响滑雪产业高质量发展因子分类表

影响因子	指标	命名	
因子1	D1、D2、D11	资源动力要素	推动性要素
因子2	D7、D8、D9、D12、D13、D14、D15、D16	经济动力要素	
因子3	D3、D5、D6、D10、D17、D18、D19	社会发展动力要素	拉动性要素
因子4	D20、D21、D22	环境动力要素	

通过因子分析可知，在滑雪产业升级的影响因子中，因子1中的3个指标载荷较高，具体为滑雪旅游的自然禀赋、滑雪旅游产业所在地的基础设施以及滑雪旅游产业所在地的服务设施。因子2所代表的经济动力要素和因子3中的社会发展动力要素指标载荷相当，而环境动力要素则最低。

综合第一轮的专家问卷调查和第二轮游客问卷调查的结果，并结合国内外滑雪旅游业的文献资料，特别是在冬奥会背景下我国滑雪旅游业的发展现状，笔者最终确定了资源动力子系统、经济动力子系统、社会文化动力子系统以及环境动力子系统作为滑雪产业升级的子系统构成，并明确了其动力因素、主要影响指标，同时确定了相关动力因子，最终确定的滑雪产业升级动力系统指标体系如图7-3所示。

滑雪产业高质量发展动力系统

环境动力子系统

- 滑雪产业生态环境 → 空气质量级别　水环境质量
- 滑雪产业政府支持 → 政府对于滑雪旅游的形象塑造

社会文化动力子系统

- 滑雪产业文化 → 居民对于滑雪产业的满意度情况　滑雪旅游旅游节庆活动　居民参与冰雪旅游情况
- 滑雪产业社会支持 → 居民幸福指数　家庭人均可支配收入

经济动力子系统

- 滑雪旅游需求 → 滑雪期间旅游人数　滑雪期间旅游者人均消费
- 滑雪产业经济贡献 → GDP总量　人均GDP总量

资源动力子系统

- 产业基础设施 → 星级酒店数量　缆车数量　旅行社数量　基础设施建设
- 滑雪产业人力资源 → 滑雪产业从业人员数量　滑雪社会指导员数量
- 滑雪资源禀赋 → 滑雪旅游场地数量　大型滑雪旅游度假区数量　滑雪资源质量　滑雪旅游景区数量

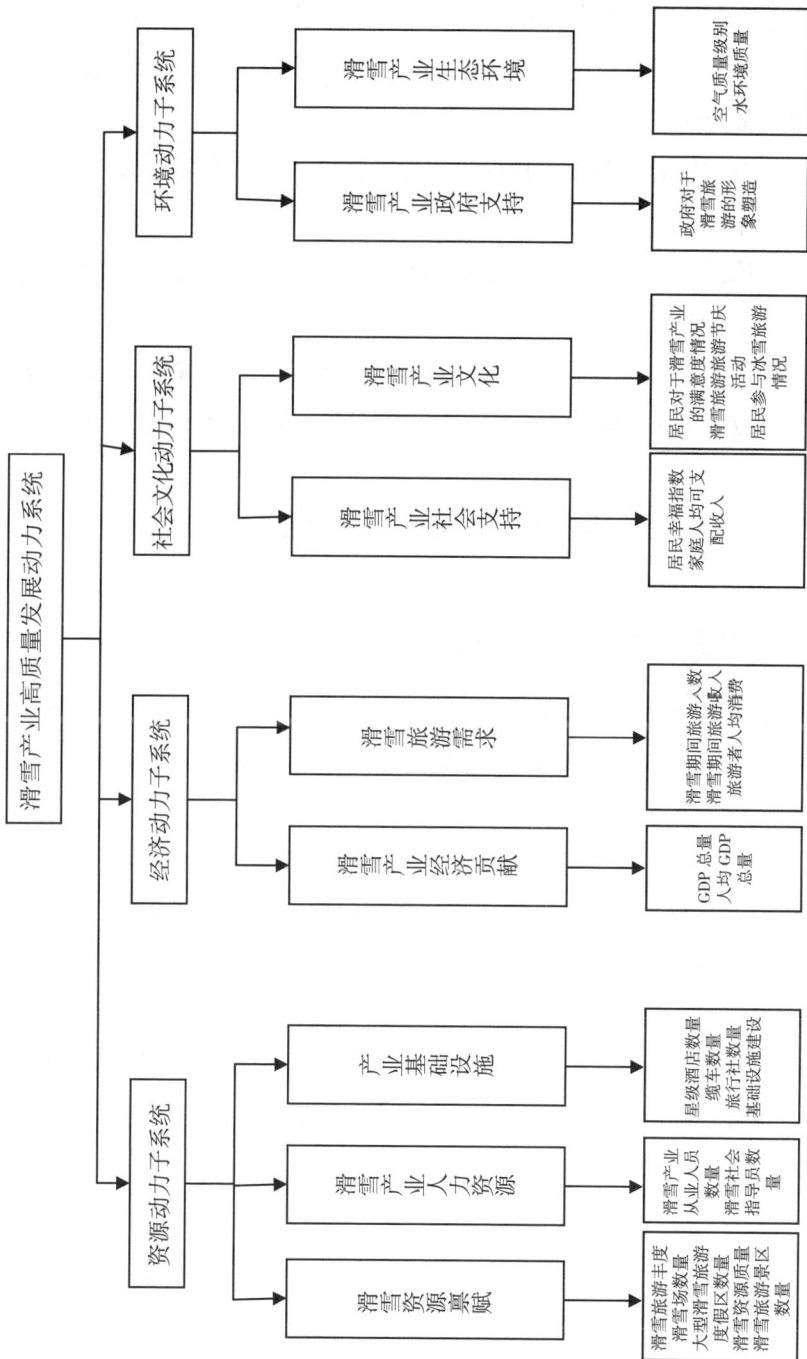

图7-3　滑雪产业升级动力系统指标体系

为确保数据的可靠性和可获取性，对部分指标做出如下解释。

第一，滑雪旅游丰度的指标用以体现该地区冰雪资源的丰富程度，通过地区的雪量指标来表示。

第二，滑雪旅游资源质量指标用于反映该地区滑雪旅游资源的质量，以结冰期来体现。

第三，旅游安全性指标引用旅游风险指数来反映安全状况，将治安案件发生量和治安案例查处量作为水平变量，单位为"%"。

第四，居民参与滑雪旅游情况是指当地居民参与滑雪旅游的比例，从这一指标可以看出区域内滑雪旅游业的发展对当地居民所产生的影响。

三、滑雪产业高质量发展动力系统运行机制

（一）滑雪产业升级动力系统运行环境

滑雪产业升级动力系统运行环境是指那些在动力系统之外，却对滑雪产业升级起着关键作用的联合和事物结合。滑雪旅游业的高质量发展是一个复杂的系统，其运行过程必然受到其他要素的影响。动力系统的运行依赖于特定的环境下，其结构、要素、属性和行为都受到所处环境的制约。特别是在滑雪旅游业作为旅游产业和体育产业的融合体，以及高质量发展的大背景下，必然与所处的环境产生密切联系。因此，在分析由九大分系统构成的滑雪产业升级动力系统后，有必要对动力系统所处的市场、政策制度、产业、资本、技术、文化和生态系统进行深入剖析，如图7-4所示，以便深入探究这些因素对滑雪产业升级的影响，从而为深入分析滑雪产业升级的动力系统构建提供有力支撑。

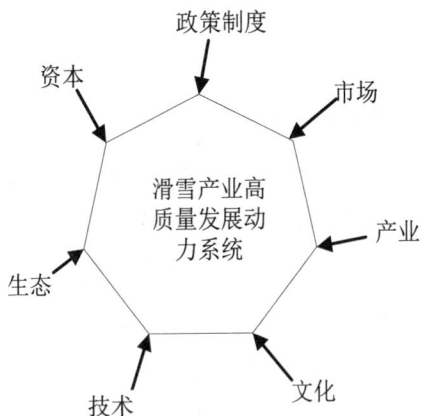

图7-4　滑雪产业升级动力系统运行环境

1. 市场环境

市场是经济发展的基石，市场化是资源配置的最有效途径，能够最大限度地促进市场主体和生产要素的自由流动、公平竞争和有效激励，激发市场经济的内在活力。从我国滑雪旅游业的发展实践来看，"政府引导、市场运作"的滑雪旅游业基本发展战略是推动我国滑雪旅游业发展的重要基础。因此，在滑雪旅游业的发展过程中，必须推进市场化改革，优化要素配置，激发市场活力，促进公平竞争，为滑雪旅游业的发展营造更加公平、更高质量、更富效率、更可持续的发展环境。同时，滑雪旅游企业也要在面对国内游客冰雪需求不断更新和日益多样化的趋势下，根据滑雪旅游市场的形势和走向，结合自身条件，打造精品，融合新技术，创造出滑雪产业升级的新业态，同时全面融合地方文化，打造极具特色的滑雪旅游产品。在吸引外地游客的同时，也要吸引更多的当地居民参与到滑雪旅游的发展中来，提升对区域滑雪旅游产业的认知和支持。

2. 政策制度环境

政府是滑雪产业升级的管理主体，能够对滑雪旅游业市场进行有效干预。市场失灵的客观存在是政府干预滑雪旅游业的出发点，特别是在我国，滑雪旅游产业是政府主导的新兴产业，在区域滑雪旅游业的发展过程中和滑雪旅游产品的供应中，政府发挥着至关重要的作用，尤其是在公共旅游产品的提供方面，如交通状况、旅游形象等。政府的有效干预可以增加公共产品的供给，调整滑雪旅游市场产品的供给结构。特别是在滑雪产业升级初期，由于发展的不均衡、各主体间合作效果不理想，政府的目标是促进区域内滑雪旅游业一体化发展模式的形成。政府是滑雪产业升级的引领者和引导者，应积极维护市场机制，推动滑雪旅游市场的完善和发展，为滑雪旅游业的高质量发展奠定基础。同时，政府也要制定相应的政策和制度来规范企业行为，积极改善当地交通状况，积极吸引内外资，出台支持滑雪旅游消费的政策，确保滑雪旅游业的发展方向，推动滑雪旅游产业的发展，培育滑雪旅游消费市场。

随着 2022 年北京冬奥会的成功举办，各地政府对滑雪旅游业的发展给予了高度关注，特别是在冰雪资源较为丰富的地区，如东北三省、新疆维吾尔自治区、内蒙古自治区等，甚至很多南方省份也开始发展当地的滑雪旅游产业。地方政府也充分意识到滑雪旅游产业在当地第三产业中的重要地位和作用，在实现产业结构调整、提升当地经济发展水平和居民收入水平、创造就业机会、促进文化交流等方面都发挥着重要作用。随着中央、国务院及各部委一系列支持政策的出台，为我国滑雪旅游业的发展带来了重大的历史机遇。在我国滑雪旅游业发展的初级阶段，政策的发布、制度的完善和优化，将有力推动滑雪旅游业的深入发展。特别是在高质量发展的过程中，政府、旅游企业和相关协会的合作，将形成滑雪旅游业协同发展的合作机制，为滑雪旅游业的高质量发展奠定坚实的基础。

3. 产业环境

滑雪旅游业作为旅游业的一种形式，在高质量发展过程中，必然受到旅游产业和体育产业的产业环境影响。例如，旅游业发展中的各项相关服务设施，如星级酒店、旅行社、旅游从业人员的数量和质量等，都对滑雪旅游业的发展具有重要的支撑作用。区域内的全域旅游体系，通过全域旅游的理念统筹、引领和整合各项专项规划，实现滑雪旅游区域内的信息全覆盖，交通便捷可达，区域住宿、餐饮、购物、娱乐、休闲、保健、康体、旅游信息系统等服务设施完善，区域内的土地利用方式合理，土地指标配置科学，村镇体系建设有序，这些都是助力滑雪产业升级的重要因素。

4. 资本环境

资本是滑雪旅游业发展的重要基础之一。由于滑雪旅游业的前期投资较大，度假村的修建、索道的建造、土地的划拨等，没有雄厚的资本是难以完成项目投资的。在冬奥会的推动下，国家政策的支持，人均消费能力的提高以及资本的大力追捧，都成为推动我国滑雪旅游业发展的重要动力。以融创文旅等头部房企为代表的资本开始瞄准室内滑雪场，冰雪培训业和冰雪科技类企业逐渐成为资本青睐的对象。随着社会资本进入滑雪旅游业的发展，资本的密集投入正逐渐改变滑雪旅游产业的格局，传统的发展模式正在得到调整和改革。特别是在文化、旅游和体育产业的融合过程中，技术的更新、资本的并购，形成了"万达""万科"等一系列新型的滑雪旅游运营机构，这些机构具有极强的市场竞争意识、完备的经营管理体系，能够快速适应市场发展的需求，满足游客的滑雪旅游需求。政策与资本的助力，冰雪与零售、教育、旅游的交叉融合，推动了滑雪旅游产业的转型升级。

5. 技术环境

在以数字技术和智能科技为基础的新一轮科技革命背景下，技术和数据等新型要素为滑雪旅游产业的发展注入了新的活力。后疫情时代，人们对线上场景和非接触式消费的需求增加，促使滑雪旅游产业与数字经济紧密结合。数字化旅游新基建、冰雪消费场景、数字化目的地品牌营销、全产业链数字化、"互联网＋电商＋航空＋滑雪"旅游产业链联动机制以及智能冰雪产品等，都成为催生冰雪电商机遇的重要引擎。以同程为例，其通过平台能力和技术创新，助力滑雪旅游的高质量发展，推动滑雪旅游业的数字化进程，促进"滑雪旅游＋冰雪运动"产业融合。特别是近年来，虚拟现实技术、人工智能、物联网技术、大数据等在滑雪旅游景区和管理系统中的应用，不断提升滑雪旅游行政管理效率，提高游客需求服务效率和满意度，提升企业智慧化水平。

6. 文化环境

从国际滑雪旅游业的发展经验来看，文化对于滑雪产业升级模式的形成至关重要。美国文化与滑雪旅游业的结合，形成了滑雪旅游业的北美模式；日本文化与滑雪旅游业的结合，使日本的滑雪旅游业发展极具日本特色。因此，在滑雪旅游业的高质量发展过程中，文化环境对模式的形成起着极其重要的作用。京张体育文化旅游带的建设就是文化和滑雪旅游结合的典范。作为 2022 年北京冬奥会的重要遗产，京张体育文化旅游带拥有发展滑雪旅游产业、文化产业和旅游产业的资源基础，能够充分利用冬奥会带来的品牌效应、集聚效应和溢出效应，依托冬奥会场馆等滑雪旅游设施以及相关文化产业和旅游产业的资源，以滑雪旅游产业为基础，从而系统规划京张地区滑雪旅游业的发展[①]，这也充分证明了文化环境在滑雪产业升级中的重要作用。

7. 生态环境

滑雪旅游业对环境的影响是国际滑雪旅游业的研究重点，也是各国学者关注的焦点。特别是在滑雪旅游度假区的建立初期，环保问题往往被忽视。在北美，滑雪场的建设和扩建主要是出于环境因素的考量，滑雪旅游业的从业者也意识到自身的经营行为对环境带来的影响。2000 年 6 月，大约 160 家美国滑雪场联合签署了《环保滑雪坡宪章》，作为一套非强制性的指导原则和工具，协助滑雪场有效地将环保概念纳入滑雪场的设计、维护和运营的各个方面。对滑雪场的管理建立了一系列的规章制度，通过减少造雪用水以及减少度假木屋、交通工具和滑雪缆车的能源消耗，同时采取新的管理模式和新的责任机制，确保滑雪与环境能够共存。同时，欧洲

---

① 武义青，李国平，张强，等. 加快建设京张体育文化旅游带（笔谈）［J］. 经济与管理，2021，35（5）：10-19.

的滑雪场也考虑了一种新型的环境管理方式，如瑞士的克洛斯特斯滑雪度假村汇集了各利益方的建议，包括缆车公司、森林服务业、滑雪向导和猎户，在森林的敏感区域内划出一定的空间来保护植物群和动物群，同时在这些区域内设定标志，并印发专门的手册加以介绍，告知滑雪旅游者滑雪运动可能会对森林造成不利影响。综上所述，在北美和欧洲两大滑雪旅游发展较为成熟的地区，滑雪旅游业的生态环境问题已得到利益相关者的重视。因此，滑雪旅游业的高质量发展过程中所追求的生态效益主要体现在对自然环境、社会环境、人类和物种健康可持续发展的价值诉求上，体现了对于公共利益的保护。

（二）滑雪产业升级动力系统运行机制

滑雪旅游产业高质量发展动力系统在运行过程中，不仅受到自身内部子系统的影响，还受到七大环境的影响，同时也需要相关运行机制的保障，从而为滑雪旅游业的高质量发展构建相关的实现平台，使得滑雪产业升级能够更好地依托环境发挥自身效力。因此，结合我国滑雪旅游业的发展特点，在综合区域经济和产业集群学者研究的基础上，本书认为滑雪产业升级动力系统的运行将分为 3 个阶段：第一个阶段是产业融合阶段，这个阶段的主要运行机制是推—拉运行机制和组织传导运行机制，从而形成初始动力系统；第二个阶段是滑雪产业升级的协同阶段，主要是组织传导运行机制和一体化协作运行机制在起作用，促进动力系统走向规范，持续发挥系统动力；第三个阶段是滑雪产业升级的价值共享阶段，主要是一体化协作运行机制发挥主要作用，促进动力系统走向价值共享阶段。具体而言，滑雪产业升级动力系统在资源环境形成的资源动力，资本环境、产业环境和市场环境所构成的经济动力，政策环境所形成的政策环境动力，文化环境所形成的文化动力，生态环境所形成的生态环境动力共同助力下运行，具体如图 7-5 所示。但是这 3 个阶段所需的运行机制并未完全隔离，而是相互作用，只是在某一个阶段，某一机制占据主导地位，推动滑雪产业升级向前发展。

1. 推—拉运行机制

滑雪旅游业的高质量发展不仅是滑雪旅游业自身的发展过程，也是滑雪产业升级的初级发展阶段，更是滑雪旅游业与其他产业的融合发展阶段。在这个阶段，经历了资源融合、产品融合、市场融合、功能融合等步骤，最终实现在产业结构层面上的融合。因此，滑雪产业升级是一个复杂的运行系统，不仅涉及旅游业发展的六要素，还涉及其他产业的要素。滑雪产业会受到来自不同方向和不同大小的动力因素影响。通过推—拉运行机制和组织传导机制共同推进滑雪旅游业的高质量发展，但这并不意味着滑雪产业升级不会遇到阻力，动力和阻力最终会形成促进滑雪产业升级初级系统形成的合力。因此，在这一阶段，不同动力因素的影响使得滑雪产业升级的初级系统呈现出不同的发展模式。

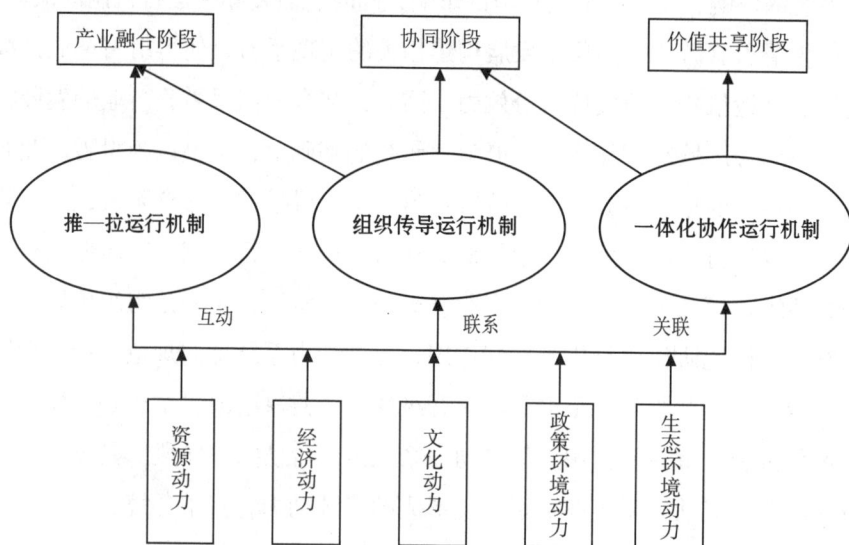

图 7-5 滑雪产业升级动力系统运行机制图

2. 组织传导运行机制

组织传导运行机制是滑雪产业升级动力系统中通过各种力量的交叉和

协同组合而形成的发展合力。在滑雪产业升级动力系统中，动力因素通过系统之间的相互作用能产生两种效果：第一，动力因素之间通过组织的交叉和协同形成协同合力，从而推动滑雪产业升级向前发展；第二，由于外界环境和人为环境的影响，部分动力因素在传导输送过程中会因竞争而导致合力减弱。传导运行机理如图 7-6、图 7-7 所示。

如图 7-6 所示，在整个滑雪产业升级动力系统的组织传导中，动力系统通过动力因素起到促进作用。内部重组后获得持续动力，进而进行组织传导。这种动力通过制度协作和组织方式促进滑雪旅游业内部的表层动力、中层动力和深层动力进行组织传导。通过组织交叉形成合力，由于人为和制度等因素的影响，导致部分合力低效，组织内部和自身处于不断循环中。

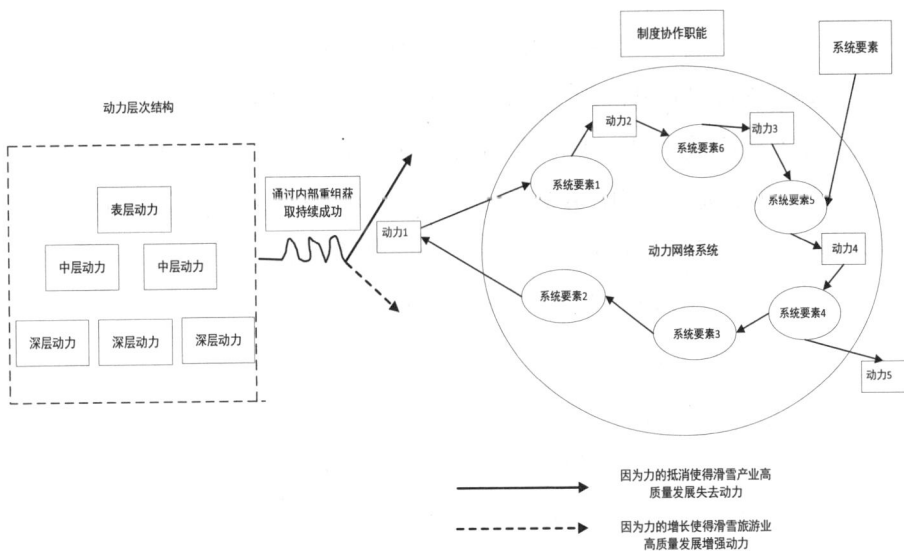

图 7-6 滑雪产业升级的组织传导

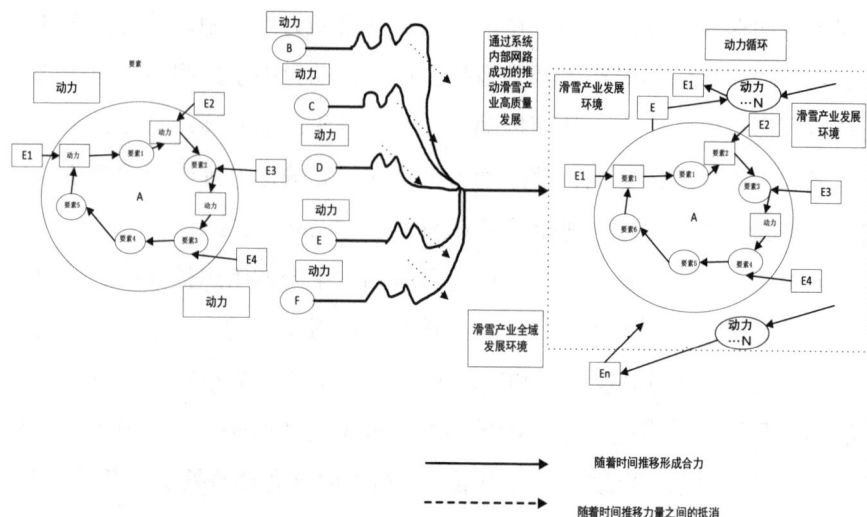

随着时间推移形成合力

随着时间推移力量之间的抵消

图 7-7　滑雪产业升级的协同传导

从图 7-7 可以看出，滑雪产业升级动力系统内部的网络 A 由 A、B、C、D 等力量共同组成。网络 A 与子网络外部的 E1、E2、E3、E4 直至 En 之间发生碰撞，从而形成合力，并与其他的 A、B、C、D 网络共同形成协同合力，但是部分力量在传导输送的过程中会受到自然和人为因素的影响而减弱。动力系统网络在滑雪旅游业环境和外部环境的影响下，处于不断循环的过程中。

3. 一体化协作运行机制

一体化协作运行机制是在系统发展过程中，内部因素和外界环境产生网络效应，从而推动系统的发展。这一网络具备以下特点：第一，网络具有封闭性和开放性；第二，在社会网络中各要素的力量不同，但不存在等级差异；第三，一体化协作运行是通过社会网络形成的社会经济联合体的方式实现的。

滑雪产业的高质量发展不是一蹴而就的，需要各个利益相关者的共同参与。但是就目前的发展而言，在前面的困境描述中，许多部门和企业缺乏协作意识，导致滑雪产业无序发展。因此，建立一体化协作运行机制非常必要。在滑雪产业升级过程中，政府、企业、非营利组织、社区为了自身价值的实现而形成网络体系，推动滑雪产业的高质量发展。政府组织包括与滑雪产业密切相关的体育主管部门、旅游主管部门，以及税务、政府等主管部门，这些部门负责制定行业总体规划和政策，建立滑雪产业管理制度，并对整个行业进行管理和监督。旅游者是整个产业的动力，他们对滑雪产业服务的要求直接影响着整个行业的发展。非营利组织和其他组织主要包括以滑雪产业爱好者为主的组织，他们对滑雪产业了解深入，是整个行业真正的参与者，间接影响着政府决策和旅游者的消费行为。实现滑雪企业、政府、社区之间的协作，进而通过一体化协作机制，达到节约交易成本，形成外部规模经济，实现资金、人才、信息、知识、生态在滑雪产业区域内的交融，形成滑雪产业全域产业链，使滑雪产业与其他产业形成新的功能结合，从而形成滑雪产业新业态。通过学习、竞争、创新等机制，实现技术的创新和知识的外溢，形成良好的滑雪产业创新效应，并为滑雪产业高质量发展吸聚更多的人才、企业、资金，形成滑雪产业升级的品牌效应，真正实现区域内滑雪产业的发展和壮大，进而实现滑雪产业的高质量发展。

然而，在一体化协作阶段，也会遭遇阻碍滑雪产业升级动力一体化协作的各类因素，其中较为突出的问题为多头管理导致的管理无序、利益部门化引发的协同不足等，致使滑雪产业升级合力难以形成，进而丧失价值共享的条件，这些问题都对滑雪产业升级形成阻碍。

总之，滑雪产业的高质量发展是一个较为复杂的过程，并非一个或数个系统简单发挥作用，而是各个系统在运行过程中协调互动的过程。在系统运动过程中，应遵循系统内部运行机制，并与外界变化交互以实现系统优化。同时，在动力系统内部，每个分系统之间的协同与竞争是系统动力产生的来源。动力系统在动力机制的保障下实现其运行过程。在系统阻力弱化的情况下，推动滑雪产业高质量发展；在系统阻力增强的情况下，将导致滑雪产业高质量发展停滞，同时反馈机制将收集的信息注入系统，引发新一轮的竞争与协作。

四、本章小结

通过剖析滑雪产业各要素，构建了滑雪产业高质量发展的产业体系，并在综合滑雪产业价值分析的基础上，结合我国滑雪产业的具体实践，提出了滑雪产业升级的动力系统，该系统呈现出主体适应性、主体的主动性和能动性、多层次性、反馈多重性以及复杂性等特点。依据"推—拉理论"，将滑雪产业升级的动力机制划分为内生推力和外生拉力，结合滑雪产业发展的具体环境特征，形成具有特定功能的滑雪产业升级的有机整体。依据相关理论和模型，构建了滑雪产业全业发展的动力系统结构图；通过专家和游客问卷调查，确定了资源动力子系统、经济动力子系统、社会文化动力子系统、环境动力子系统4个子系统作为滑雪产业升级的子系统构成，并明确其动力因素和主要影响指标；同时确定了相关动力因子，并最终确定了滑雪产业升级的指标体系。分析了动力系统所处的市场、政策制度、文化、社会、技术、资本和生态等七大环境，并综合以上内容，提出了我国滑雪产业升级动力系统的运行分为3个阶段：产业融合阶段、落实公共福利与滑雪产业统筹的协同发展阶段、滑雪产业升级功能区价值共享阶段。

本章的研究是整个研究的重点，也是最为基础的部分，深化了滑雪产业高质量发展的内涵，为滑雪产业的发展提供了新的理论支撑。

第八章　基于政策导向的
我国滑雪产业升级的宏观机理

近年来，特别是在 2022 年北京冬奥会成功举办后，中共中央、国务院通过制定一系列的宏观调控政策，强化国家各部门的职能，成为推动我国冰雪运动发展的重要保障。从公共政策的角度来看，中共中央、国务院出台了一系列推动冰雪运动发展的政策文件，这表明冰雪运动的发展已成为近年来我国体育、教育、卫生等领域政策的着力点，体现了国家在推动冰雪运动政策规划的前瞻性、基础性和综合性。本章通过分析宏观政策和制度对滑雪产业升级的影响，提出基于政策导向的我国滑雪产业升级的作用机制和演化机制，并根据以往经验总结，评估政策对我国滑雪产业升级的影响。

一、国家颁布的促进滑雪产业发展的政策

（一）中央政府关于促进滑雪产业发展的基本政策

从我国现有政策来看，通过对国务院网站信息的收集整理，与冰雪运动直接相关的政策主要有中共中央及国务院联合下发的 3 个文件，国务院发布

的 4 个政策文件、国务院办公厅发布的 8 个政策文件，这些政策构建了新时代我国"带动三亿人参与冰雪运动"的政策体系和顶层设计，见表 8-1。

从政策设计的内容上看，国家层面的政策不仅体现在数量上的增加，更多地体现在政策的针对性和具体化，在"促进冰雪运动发展""带动三亿人参与冰雪运动"的各个细分领域都进行了具体的规划。特别是 2019 年 3 月发布的《关于以 2022 年北京冬奥会为契机大力发展冰雪运动的意见》更是将促进发展冰雪运动的指导思想、基本原则、主要目标进行了明确界定，并在冬奥会的备战、大力普及群众性冰雪活动、广泛开展青少年冰雪运动、加快发展滑雪产业等方面都做了重点谋划。同时，在 2022 年北京冬奥会的机遇背景下，围绕促进我国冰雪运动跨越式发展这一终极目标，提出了一系列实施路径和改革举措，成为指导我国冰雪运动发展的纲领性文件，也是"带动我国三亿人参与冰雪运动"的最重要的政策依据。从政策的跨域上来看，在《"健康中国 2030"规划纲要》《中共中央 国务院关于实施乡村振兴战略的意见》中都提到要结合当地优势，发展冰雪运动，拓宽我国冰雪运动发展的内涵。

从中央"带动三亿人参与冰雪运动"的政策目标设定来看，可分为（1）总量要求：普及程度明显提升，参与人数大幅增加。（2）质量要求：建立发展平衡的冰雪运动总体格局，冰雪运动影响力广泛。

从"带动三亿人参与冰雪运动"的中央政策可以看出，我国推动冰雪运动的发展是一个综合的社会系统工程，仅靠体育部门是无法支撑和完成这一重任的。"政府主导、各方参与"是我国"带动三亿人参与冰雪运动"最突出的组织特色，从中央到地方再到公民个人，要形成全社会积极推广冰雪运动的氛围，在政府各部门之间、社会组织之间、政府与社会组织之间、政府与企业之间要建立沟通意识和合作机制，这将对我国整合冰雪体育资源、建立沟通机制，促进冰雪运动的转型发展起到积极的作用，同时以冰雪运动的发展为突破口，推动体育事业的改革，建立我国新型的体育运作机制，理顺各方关系都具有深远的影响。

表 8-1 国家层面推动滑雪产业发展的主要相关政策

发布单位	政策名称	颁布时间	颁布编号	政策要点
中共中央、国务院	《"健康中国 2030"规划纲要》	2016-10-25	中共中央、国务院	积极培育冰雪等具有消费引领特征的时尚休闲运动项目
	《中共中央 国务院关于实施乡村振兴战略的意见》	2018-01-02	中共中央、国务院	加快发展冰雪海上运动等产业
	《关于以 2022 年北京冬奥会为契机大力发展冰雪运动的意见》		中共中央办公厅、国务院办公厅	大力普及群众性冰雪运动，健全群众冰雪组织、建设群众冰雪设施、丰富群众冰雪活动加快发展滑雪产业，积极培育市场主体、优化滑雪产业结构、拓展冰雪竞赛表演市场
国务院办公厅	《国务院办公厅关于加快发展生活性服务业促进消费结构升级的指导意见》	2015-11-12	国办发〔2015〕85 号	以举办 2022 年北京冬奥会为契机，全面提升冰雪运动普及度和产业发展水平
	《国务院办公厅关于强化学校体育促进学生身心健康全面发展的意见》	2016-05-06	国办发〔2016〕27 号	积极推进田径、游泳、体操等基础项目及冰雪运动等特色项目
	《国务院办公厅关于加快发展健身休闲产业的指导意见》	2016-10-28	国办发〔2016〕77 号	以举办 2022 年北京冬奥会为契机，围绕"三亿人参与冰雪运动"的发展目标，以东北、华北、西北为带动，以大众滑雪、滑冰、冰球等为重点，深入实施"南展西扩"，推动冰雪运动设施建设，全面提升冰雪运动普及程度和产业发展水平
	《国务院办公厅关于进一步扩大旅游文化体育健康养老教育培训等领域消费的意见》	2016-11-28	国办发〔2016〕85 号	制定实施冰雪运动、山地户外运动、水上运动、航空运动等专项运动产业发展规划

续表

发布单位	政策名称	颁布时间	颁布编号	政策要点
国务院办公厅	《国务院办公厅关于促进全域旅游发展的指导意见》	2018-03-22	国办发〔2018〕15 号	大力发展冰雪运动等体育旅游
	《国务院办公厅关于印发完善促进消费体制机制实施方案（2018—2020 年）的通知》	2018-10-11	国办发〔2018〕93 号	积极培育冰雪运动等体育消费新业态
	《国务院办公厅关于加快发展体育竞赛表演产业的指导意见》	2018-12-21	国办发〔2018〕121 号	积极培育冰雪体育赛事，推动专业冰雪体育赛事升级发展
	《国务院办公厅关于印发体育强国建设纲要的通知》	2019-09-02	国办发〔2019〕40 号	加快发展滑雪产业
	《国务院办公厅关于促进全民健身和体育消费推动体育产业高质量发展的意见》	2019-09-17	国办发〔2019〕43 号	促进滑雪产业与相关产业深度融合，支持新疆、内蒙古、东北三省等地区大力发展寒地冰雪经济

（二）国家有关部门推动滑雪产业发展的专项政策

为"带动三亿人参与冰雪运动"，必须遵循体育事业发展的规律，突破制度供给不足的问题，并采用整合的思维来推动这一目标的实现。根据已收集的政策资料，涉及推动冰雪运动发展的各项政策，都强调了政策制定主体的高层次、政策目标的紧密相关性和政策制定主体间的密切合作。在推动冰雪运动发展方面，各部门协调统筹，并协同推进相关政策的落地实施。具体政策详情见表8-2。

这些政策都涉及多个部门，特别是《群众冬季运动推广普及计划（2016—2020 年）》涉及23 个部门，《全国冰雪场地设施建设规划（2016—

2022 年）》由 9 部委联合下发，《关于进一步加强冰雪运动场所安全管理工作的若干意见》由 6 部委联合下发，这些都充分反映了我国在较高层面推动冰雪运动的发展。

此外，鉴于中央现有政策对冰雪运动的促进作用，有关政策已不限于国家体育总局，还牵涉教育部、国家发展改革委、工业和信息化部等部门，如工业和信息化部对部门分管的冰雪运动装备和器材领域进行了政策的制定。这种针对性较强的政策的推出，将有助于冰雪运动向更加具体化、专业化的方向发展，为"带动三亿人参与冰雪运动"奠定了坚实的政策基础。

同时，从各个部门的政策制定来看，"带动三亿人参与冰雪运动"也展示了我国冰雪体育事业发展改革创新的成就。积极探索新时代我国群众体育和学校体育的特点和规律，实现观念、理论、制度和科技创新，促进我国冰雪运动快速且高质量发展，进一步增强体育与文化、科技、教育、卫生等系统部门间的联系，构建宏观协调的冰雪体育发展战略体系是现阶段我国各部门制定推动冰雪运动发展政策的主要特征。

表 8-2 国家有关部门推动滑雪产业发展主要相关政策

颁布部门	政策名称	颁布时间	颁布编号	政策要点
国家发展改革委、国家体育总局、教育部、文化和旅游部	《冰雪运动发展规划（2016—2025 年）》	2016-11-25	体经字〔2016〕645 号	丰富滑雪产业业态，推动冰雪运动与旅游、健康等相关产业互动融合，创新发展手段，发挥辐射带动作用，促进区域经济社会发展
国家发展改革委、国家体育总局、工业和信息化部、财政部、自然资源部、住房和城乡建设部、文化和旅游部、体育总局等 23 部门	《全国冰雪场地设施建设规划（2016—2022 年）》	2016-11-26	体经字〔2016〕646 号	加快规划建设冰雪场地设施，普及冰雪运动，实现"三亿人参与冰雪运动"的基本保障，提出要在 2022 年使全国冰雪场地设施有效供给极大提升，经济社会效益明显提高，初步形成布局合理，类型多样，基本满足需求的冰雪场地设施网络
	《群众冬季运动推广普及计划（2016—2020 年）》	2016-11-02	体群字〔2016〕146 号	以京津冀为引领，以东三省提升发展为重要基础，发挥新疆、内蒙古等地区的后发优势，带动南方地区协同发展，点线面结合布局群众冬季运动生态圈（带）

续表

颁布部门	政策名称	颁布时间	颁布编号	政策要点
国家体育总局、教育部、工业和信息化部、教育部、科学技术部、文化和旅游部、国家市场监督管理总局、国家广播电视总局、国家体育总局、国家知识产权局、北京2022年冬奥会和冬残奥会组织委员会	《带动三亿人参与冰雪运动实施纲要（2018—2022年）》	2018-09-08	教体艺〔2018〕1号	到2022年，群众性冰雪运动广泛开展，群众性冰雪赛事活动丰富多彩，群众性冰雪运动服务标准完善，群众性冰雪运动场地设施基本满足人民群众多样化多层次需求
	《教育部办公厅关于做好全国青少年校园冰雪运动特色学校及北京2022年冬奥会和冬残奥会奥林匹克教育示范学校遴选工作的通知》	2018-12-25	教体艺厅函〔2018〕95号	通过特色学校和示范学校遴选，树立一批校园冰雪运动教育教学工作的先进典型，推动广大青少年普及校园冰雪运动，促进青少年对冬奥会和冬残奥项目知识的了解和兴趣的培养，到2020年，计划遴选出2 000所特色学校，到2025年计划遴选出5 000所特色学校和700余所示范学校
教育部、国家发展改革委、财政部、国家体育总局、公安部、自然资源部、住房和城乡建设部、卫生健康委、应急管理部、市场监管总局、国家林业和草原局	《冰雪装备器材产业发展行动计划（2019—2022年）》	2019-06-04	工信部联装〔2019〕106号	2022年，冰雪装备器材产业年销售收入超过200亿元，开发物美质优的冰场、雪场专用装备和设施，有效降低冰场、雪场运营成本；研制安全性高、功能性强的冰刀、滑雪板、滑雪服等大众普及型个人运动器材
	《关于加快推进全国青少年冰雪运动进校园的指导意见》	2019-05-20	教体艺〔2019〕3号	扶持特色带动校园冰雪运动普及发展，做好冰雪进校园资源统筹工作
	《关于进一步加强冰雪运动场所安全管理工作的若干意见》	2019-09-30	体现字〔2019〕4号	本着对人民生命健康高度负责的态度牢固树立安全管理工作红线意识，不断提升人民群众参与冰雪运动的获得感、幸福感和安全感；明确"管行业必须管安全、管业务必须管安全、管生产经营必须管安全"的要求和"谁审批、谁监管""谁主管、谁监管"的原则，高度重视冰雪运动场所安全管理

（三）我国滑雪产业政策的效力分析

政策的出台旨在促进政府与社会多元主体参与新机制的构建，发挥多元政策主体的协作优势，积极引入社会组织、市场广泛参与，通过推动政府、学校、社会和市场协同发挥作用、形成合力，形成政府主导、社会参与、市场自治的政策决策执行机制。实现共同决策、共同制定和共同执行，以充分考虑不同主体间的实际诉求，并收集不同渠道的客观信息和发展建议，探索"带动三亿人参与冰雪运动"的多维社会模式。

二、我国滑雪产业政策发展的演进逻辑

从制度变迁的理论来看，现有滑雪产业政策仍然有传统"审批式管理"的影响，然而新型监管型政府模式正日渐凸显。加拿大学者 Michael Howlett 和 M Ramesh 按照政府介入程度的高低，将政策工具分为自愿性工具、强制性工具和混合性工具。[①] 其中，自愿性工具是指政府很少参与或不参与，在自愿的基础上完成，主要通过家庭、个人、社区和自愿性组织或市场来发挥作用，解决公共问题；强制性工具也被称为指导性工具，是指借助国家和政府的权威及强制力实现的政策目标；混合性工具是指政府可以适度参与产业活动，通过税收、补贴、信息和劝诫等手段来实现目标。从政策工具的视角来看，我国现行的滑雪产业政策属于"混合型的监管模式"，主要体现为混合性工具的全面使用和自愿性工具的推广使用。我国滑雪产业的行政规制处于"简政放权"向法治的转变中，尚未完全纳入法治的轨道。

---

① 张大蒙，李美桂. 政策工具视角：中国滑雪产业政策的主要问题与对策研究 [J]. 工业技术经济，2015，34（1）：3–11.

（一）混合性政策工具的全面使用：滑雪产业的监管和服务

在滑雪产业的政策工具中，强制性政策工具的使用是极其特殊的。在新常态下，政府对滑雪产业发展的行政规制更多地通过监管和制定标准来实现。通过从国家到地方发布的政策文件可以看出，政策指导、标准的制定、准入机制、资源配置等工具都被各省市有效地应用以加速滑雪产业的发展。在混合性政策工具的共同作用下，政府意图通过政策工具的使用快速构建良好的滑雪产业发展氛围，理顺关系，优化资源。滑雪产业的发展和国家的监督形成一种动态平衡的合作关系。在资源配置方面，政府采用相对柔性的财政和税收政策调节滑雪产业的发展空间和环境。在群众体育赛事举办方面，政府取消了商业性和群众性体育赛事活动审批，开放体育竞赛市场，并要求政府部门积极为赛事提供服务，建立各类体育赛事活动主体的信用记录；充分利用信用激励和约束手段，加大对体育赛事活动诚信主体的激励和对严重失信主体的惩戒力度。

升级发展政策使得我国滑雪产业的行政规章趋于缓和和柔性，政策指导、标准的制定等政策工具的使用，缓解了政府规制与滑雪产业发展之间的矛盾。首先，政府采用相对柔性的规制工具，保证了滑雪产业自主发展的空间。其次，简政放权与政策指导为滑雪产业的发展提供了有效的行政引导和服务。政府通过培育新兴市场主体，引导市场和民间资本投入滑雪产业。最后，体育赛事等滑雪相关产业得到了政府的有效监管。

放权和监管的统一已成为滑雪产业行政规制的实践逻辑，与行政审批等强制性工具相比，混合性政策工具的使用能够兼顾国家和产业发展的诉求，有效整合国家利益与产业发展。

（二）自愿性政策工具的推广使用：滑雪产业发展的自我规制

自愿性政策工具以市场需求为导向，鼓励各利益相关者主动接受和执行各项政策工具。①在"放管服"理念的指引下，现代监管型政府理念的推行，推动社会各系统进行自我规制。在这种政策工具的推广中，政府的作用有所弱化，体育资源的配置主要由市场自行调节。在滑雪产业市场中，各利益主体的地位都是平等的，都严格按照国家法律法规从事体育产品的生产和服务。滑雪产业中自愿性政策工具的使用能够形成合理的市场价格体系，增强我国滑雪产业的国际竞争力，有利于合理配置体育资源、降低市场交易成本。因此，在滑雪产业的相关政策文件中，自愿性政策工具被广泛推广使用。在《国务院关于加快发展体育产业促进体育消费的若干意见》（国发〔2014〕46号）的基本原则中，第二条就提出了要充分发挥市场作用，遵循产业发展规律，完善市场机制，积极培育多元市场主体，吸引社会资本参与等。在各省市制定的滑雪产业发展意见中也有相应的体现，在后续发布的与滑雪产业相关的政策文件中，对市场的重视和发挥市场的作用也被屡次提及。显然，各级政府已充分认识到在滑雪产业的发展过程中，市场资源自我配置的重要性。

从滑雪产业自身发展来看，滑雪产业内部也在发生变化。从我国的体育行业协会改革到体育公司和集团的自我探索，体育行业协会主要依靠体育行业的自律和协会的监督来维护滑雪产业的健康发展，从而平衡各方利益。体育行业协会通过与相关企业和行业组织签订协议，维护滑雪产业协会成员的利益，相互联合，增加共同利益，管制和规范行业发展行为。在我国，由体育行业协会和体育公司、中介组织、滑雪产业市场组成的非政府组织越来越能有效地规范滑雪产业的市场行为。随着我国滑雪产业的发展，滑雪企业也迎来发展的黄金时期，特别是在京津冀地区，大型滑雪度假区正在引领着产业的发展方向。尽管我国滑雪产业仍处于发展的初级阶段，市场化手段在资源配置中还未能起到决定性作用，但对

---

① 曹明，阳永连. 我国矿产资源配置政策工具应用研究［J］. 资源开发与市场，2017，33（10）：1193–1196.

其重视的程度在不断加强。总之，我国滑雪产业资源配置政策工具的选择根据时代发展特点不断调整，但是自愿性政策工具得到了大力支持，并不断被引入和推进。

在新常态下，我国滑雪产业发展具有专业性和服务性的特点，是健康中国和滑雪强国建设的重要组成部分。实现滑雪产业的高质量发展，既需要进行政府职能的再造，也需要重塑政府与市场的关系，为产业的发展提供良好的空间。滑雪产业的健康发展需要有为政府和有效市场的完美结合，协同治理才能促进滑雪产业的健康发展。各市场主体能够自主自律地行使其主体的权利，成为新常态下我国滑雪产业发展的重要议题。

三、政策导向的我国滑雪产业升级的作用机制

制度是影响产业发展环境及其组织形式的重要因素，包括制度环境和制度安排。制度环境指的是一般的社会规则，是整体社会制度的总和。制度安排则是对某些具体行动或关系实施管制的规程，包括正式和非正式两种类型。正式的制度安排是指人们有意识地创造的政策法规、经济规则和契约等；非正式的制度安排则包含传统、习俗、价值观和惯例等，是人们在长期交往中形成的非正式规则。制度环境和制度安排的变化过程共同构成了制度变迁的过程。相比之下，制度安排更容易发生改变。从新制度经济学的研究角度来看，它更关注制度与结构本身。制度变迁理论包含了制度变迁的主体、原则、过程与路径，是制度创新、变更、替代、转换和交易的演化过程。我国滑雪产业政策的演化属于强制式的变迁与突进式的变迁。在现有的产业环境下，不同的滑雪企业对环境中潜在利润的认知不同。在市场竞争中，通过交流和信息共享，实现利益聚合，从而引发滑雪产业内部企业的集体行动，形成知识的溢出效应。在集体行动的共同努力下，滑雪企业的行为趋于均衡，进而推动制度的演化，实现产业的升级，如图 8-1 所示。

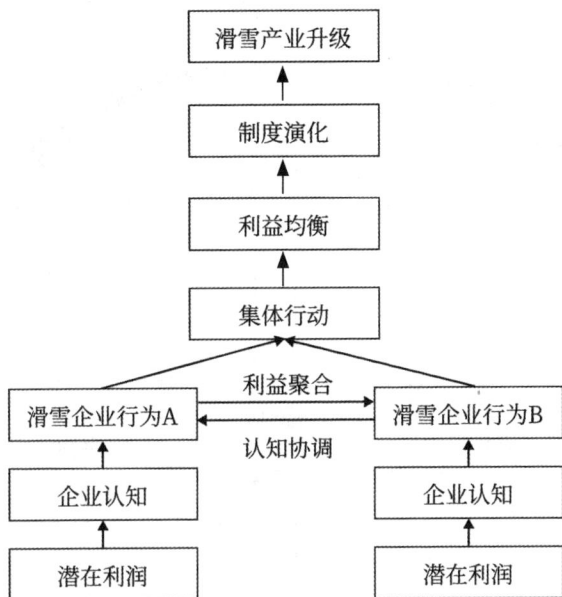

图 8-1　我国滑雪产业的宏观升级机理图

　　我国滑雪产业在发展过程中受到内在动力和外在动力的双重驱动，内在动力主要包括滑雪企业的生存发展能力、竞争合作能力、运营效率和有序性；外在动力主要包括政策因素、体制因素、市场因素和风险因素。在内外动力的共同作用下，我国滑雪产业取得了快速发展，我国滑雪产业政策和管理体制对我国滑雪产业升级的宏观作用机制如图 8-2 所示。

外在动力

政策因素　体制因素

内在动力　生存发展能力　　　　运营效率　内在动力

滑雪企业

竞争合作能力　　　　有序性

市场因素　风险因素

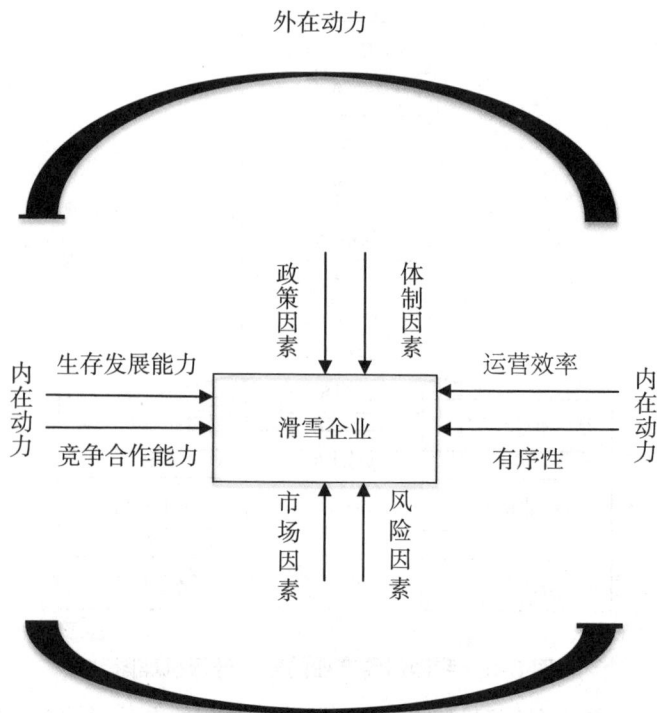

图8-2　我国滑雪产业升级的宏观作用机制

四、我国滑雪产业促进政策存在的问题

（一）税费优惠政策有"支持"无"落地"

各地在执行优惠政策时，将政策适用范围界定为体制内的冰雪场馆，而企业性质的场馆由于不符合现行税法的相关规定，无法享受土地免征房产税和城镇土地使用税的优惠。近年来，物价改革和资源收费标准发生了重大变化，许多城市的水价和天然气价格不再细分工业、商业标准，导致政策执行失去了地方政策依据。调研显示，除浙江部分雪场外，其他省市的冰雪企业并未享受到税费优惠政策。

（二）政策执行评价监督体系不完善

现行冰雪运动政策主体已趋于多部门化，在政策执行阶段，各部门的权责划分尚不明确。权责不明确直接导致相关政策仅停留于纸面，实际效益难以得到有效保障。通过调研发现，不同职能部门之间缺乏明确分工，有序互动的联动机制尚未建立，政策执行呈现出"碎片化"现象。滑雪产业政策的执行仍局限于体育部门，其他部门对此并未积极落实。

滑雪产业政策的执行缺乏有效的监督和约束，尚未形成一套完善的监督机制，也没有形成一套科学有效的政策执行评价体系。在全民健身等指标体系中，对于冰雪运动的开展并未单独列出。在"全国文明城市"等国家级评比中，对冰雪运动的关注较少。因此，在现有的评价监督体系下，冰雪运动缺乏完善的评价机制，未建立相关量化的评价指标，存在自我评价现象。

五、新时代我国滑雪产业政策的优化对策

（一）在国家治理理念下深化多元协同治理理念

在国家治理的理念下，善治是良好社会治理的最佳阐释。我国滑雪产业的发展需要国家治理理念下的善治，实现政府、市场和社会的多元治理。滑雪产业善治理念是指政府、市场、社会组织、公民个体等多元治理主体共建、共治、共享滑雪产业的过程和关系。[①] 在滑雪产业发展过程中，政府是影响产业发展的关键力量，同时由于我国滑雪产业发展中横向秩序的协调机制尚不健全，政府在多元主体参与滑雪产业发展的机制中起到规范者的角色。新常态下，滑雪产业组织作为创新社会治理的主体，将拥有更

---

① 吴宝升，易剑东. 从分散治理到协同治理：我国民间滑雪赛事治理走向分析［J］. 滑雪与科学，2020，41（3）：72-78.

多的发展机遇和拓展空间，在放管结合、优化服务方面发挥着不可替代的作用，是实现滑雪产业多元协同治理不可或缺的主体。政府部门通过下放和转移更多的滑雪产业资源分配职能，实现资源的市场机制分配，将适合由社会组织提供的公共服务交由社会组织承担，同时将政府部门下放的滑雪职能合理配置到社会组织中，实现职能的合理过渡。从政策文本的分析和滑雪产业的发展趋势来看，市场将在滑雪资源的配置中起决定性作用，这是滑雪产业高质量发展的必然选择。市场将发挥在滑雪资源中的重要作用，为其他社会主体参与滑雪产业的发展搭建平台。随着市场化手段在滑雪产业资源配置中起决定性作用，滑雪企业也迎来了发展的黄金时期。

（二）及时根据环境制定保障滑雪产业高质量发展的政策设计

我国滑雪产业政策所依赖的政策环境系统是滑雪产业政策制定和实施的重要外部因素。在"十四五"期间，我国滑雪产业面临的环境极为复杂。滑雪产业作为国民经济支柱产业的地位已确立，将成为我国经济结构调整的重要力量。我国滑雪产业规模的扩大和地位的提升表明，在我国的经济环境和政策环境下，滑雪产业具有重要的发展潜力，对提高就业能力、拉动经济发展能力、人民身体健康的干预等方面都具有重要作用。但我们也应清醒地认识到，我国滑雪产业存在供需结构失衡、生产效率低下、要素机制不合理、人才供给不完善等一系列问题。滑雪需求的日益增长与滑雪产业总体结构失衡，滑雪产业各方面发展面临风险与机遇并存的局面，这些都是我国滑雪产业高质量发展所面临的挑战。因此，在我国滑雪产业政策金字塔形集群基本形成的基础上，应及时根据政策环境系统的变化调整政策设计，避免政策设计与滑雪产业实践脱节，结合我国滑雪产业发展的现实需求、发展状况和国内外总体趋势，以及政治、经济、文化、科技等多方面的影响，科学合理、有针对性地出台滑雪产业政策，进一步健全金字塔形的滑雪产业政策体系，推动我国滑雪产业的高质量发展。

（三）推进多元主体协同的滑雪产业政策格局

从公共政策的运行阶段来看，政策主体可分为政策规划与制定主体、政策实施与执行主体、政策评估主体。政策运行各阶段的任务和要求存在差异，不同政策主体的参与有利于政策的施行。政策多元主体的协同在提升滑雪产业执行力和执行效果方面具有积极作用，然而，其中也存在诸多问题。政策多元主体最直接的问题在于政策的落实层面，部门分工的精确到位以及各部门的协同拉动效果能否形成合力，直接影响着政策的落实。特别是在地方层面，由于政策涉及的政策主体过多，地方政府在任务分配中对任务执行主体的模糊处理，导致政策难以有效落实，许多省市尚未建立起针对产业的联席会议制度。涉及滑雪产业发展的税费、土地和金融等方面虽在政策中多有体现，但在实际操作中存在阻滞问题。因此，在滑雪产业高质量发展的大格局下，滑雪产业政策的多元主体协同机制仍需进一步采取措施加以完善。一方面，要在政策中进一步细化和明确各政策的职能与责任，建立有效的工作协同机制；另一方面，要积极构建滑雪产业的部门联席会议机制。特别是在地方层面，要加强落实联席制度，同时进一步完善相关部门的协调沟通机制，实现观念创新、理论创新、制度创新、科技创新，构建宏观协调的多元协同的滑雪产业政策体系。

（四）加强政策工具创新，构建"有为政府＋有序市场"的产业发展局面

我国滑雪产业发展所面临的市场多元性和复杂程度，促使产业在新常态下必须综合运用各类政策工具，实现制度优势与市场机制的有机结合，发挥市场在滑雪产业资源配置中的决定性作用。同时，也要强化政府对滑雪产业的保障，推动政府和市场作用的有机统一和相互促进，以实现滑雪产业的高质量发展。[①]

---

① 寇明宇，沈克印. 有效市场与有为政府：滑雪产业发展的协同机制与实现路径［J］. 西安滑雪学院学报，2021，38（1）：63-69.

有效市场是指在价格机制、供求机制和竞争机制的作用下，实现资源配置效率最大化的市场状态。建立有效市场意味着要最大限度地减少政府对资源的直接配置，让市场机制充分发挥作用，从而激发市场的内在活力。因此，在有效市场中，政策工具的选择通常是自愿性政策工具。自愿性政策工具是以市场需求为导向，促使各利益相关者主动接受和执行各项政策工具。① 在新常态下，这种政策工具的推广过程中，政府的作用有所弱化，滑雪资源的配置主要依靠市场的自我调节。在滑雪产业市场中，各个利益主体的地位都是平等的，应严格按照国家法律法规从事滑雪产品的生产和服务。有为政府强调政府在资源配置中要发挥应有的作用，做到有所为、有所不为，总体而言就是政府作用的发挥是有其界限的，在本位上积极有为，在非本位上有所不为。在滑雪产业发展中，政府的作用主要包括：第一，提供市场无法提供的公共服务和产品；第二，通过宏观的经济和产业政策确保资源的最优化配置；第三，通过法律法规打击由市场造成的垄断和不公平竞争秩序。同时，政府还应在市场无法保障社会共同体利益的情况下，主动有所作为。滑雪产业的发展需要混合性政策工具的支持，必须运用法治思维和法律制度来规范管理各项产业事务，通过法治、问责等制度来限制政府在滑雪产业中的自由裁量权，规范其权力的使用；通过制度推动滑雪产业组织的发展，并为各类滑雪产业主体参与产业管理创造条件。通过法治的手段实现政府与市场、政府与企业的定型化和制度化，用法律的刚性手段划清各级滑雪行政部门、企业、滑雪产业社会组织之间的权利界限，实现滑雪行政管理责权的法定化，既能规范和约束政府行为，又能更好地激发产业发展活力，同时政府的有所为能使滑雪企业对滑雪产业的参与和投入更为理性和主动，规范滑雪产业市场秩序，保护滑雪产业组织和滑雪企业的合法权益。同时也能够构建完善的双向监督体系，明确社会和市场

---

① 曹明，阳永连. 我国矿产资源配置政策工具应用研究［J］. 资源开发与市场，2017，33（10）：1193–1196.

在滑雪产业发展中对滑雪行政部门的监督和问责，滑雪行政部门也可以借助法律的手段规范产业发展中的市场行为，发挥"看得见的手"的监督作用，构建双向制的立体监督体系。

六、本章小结

通过对推动滑雪产业发展的相关政策进行剖析，结合我国开展滑雪运动地区的相关举措，我们认识到我国现行政策执行所面临的主要阻力，提出要构建在国家治理理念下深化多元协同治理的理念，及时根据环境制定保障滑雪产业高质量发展的政策设计，推进多元主体协同的滑雪产业政策格局，以及加强政策工具创新，构建"有为政府＋有序市场"的产业发展新局面。

第九章 基于产业集群的
我国滑雪产业升级的中观机理

产业集群作为产业结构升级优化过程中的一种高级形式，能够带来相关产业的创新，对产业发展具有提升效应。滑雪产业集群既是滑雪产业发展演化过程中的一种高级形式，也是一种网络体系，能够促进滑雪产业内部的劳动分工，进而带动外部经济。在滑雪产业集群内部，企业为了竞争，提供多样化的产品和服务，能够产生范围经济。通过区域内企业间的合作和共同行动，滑雪产业集群能够带来额外的好处，推动人力资本、技术资本和知识资本在其中的社会化进程。我国滑雪产业的转型和升级随着经济的增长、滑雪市场环境和产业发展阶段的变化而变化，既有内生动力，也有外部助推力。滑雪产业集群助推我国滑雪产业的发展主要通过其核心、内部和外部的动力机制来实现，从滑雪产业的产品结构、经营模式、外部结构和技术结构等诸多方面来实现我国滑雪产业结构的升级优化。

我国滑雪产业的升级并非简单的产业规模的扩大，还涉及产业质量和产业规模的共同增长。从产业层面来看，滑雪产业是滑雪产品的生产和滑雪服务的提供过程。因此，从企业能力的微观层面、产业集群的中观层面和政策导向的宏观机理等 3 个层面分析我国滑雪产业的升级机理，将有助于我国滑雪产业的转型升级。

一、我国滑雪产业集群的动力机制

从我国第一座旅游型滑雪场的建立到"带动三亿人参与冰雪运动"的提出，随着我国冬奥战略的实施和社会资本的共同推动，我国滑雪产业集群将会更加迅速地发展。从国内滑雪产业的发展实践来看，我国滑雪产业集群的概念，从大型滑雪旅游度假区到滑雪特色小镇，其根源都来自这些包含着产业集群含义的产业形态。滑雪产业集群作为滑雪资源的经营业态，其动力来源主要来自社会中多种主体的推动，主要有内、外部两种。从滑雪产业发展的内部来看，人们自身的运动需求和对美好生活的向往都形成了滑雪产业综合触发的原生动力；从滑雪产业发展的外部特征来看，外部市场的推动力、地区政府的引导力以及社会企业和资本的推动力构成了滑雪产业集群发展的外部动力因素。

（一）科技创新的驱动机制

创新是在产业集群理论下滑雪产业发展的第一动力，通过将创新的理念渗透到滑雪拓展的产业品牌效应、政府引导、社区参与和市场推动四大动力要素中，从而形成了驱动机制，推动滑雪产业向时间、空间、内容、产品和市场的多维度、多种路径的纵深发展。要将创新的理念全方位、全面地贯穿到滑雪产业集群的建设中去，将创新理念运用于滑雪资源的开发、滑雪产品设计，以及市场营销和人力资源开发等方面，融入滑雪产业的吃、住、游、购等发展的全要素中。如要将产业集群的理念融入滑雪产业发展的土地利用、产业开发以及生态环境的保护等早期规划中，实现滑雪产业引领下的多规合一；在保护生态环境的基本前提下，在产业开发、产品创新的过程中要将新的科技发展方式、新的管理模式运用到滑雪产业集群的构建中，开发更多的、新的滑雪产业结合发展业态，更好地构建基于产业集群的智慧型滑雪产业发展体系。

（二）品牌效应的带动机制

滑雪品牌是消费者对于头脑中的品牌联想，多反映为对滑雪产品和服务、滑雪旅游企业或旅游地的感知。[①]品牌能够提高消费者对旅游地的忠诚度、增加游览次数、增加商业的合作机会，从而为滑雪产业集群的企业和居民带来更多的收益。许多国内外滑雪产业集群都是当地滑雪品牌的引领者。例如，意大利的蒂罗尔州积极注重品牌管理，从一开始就制定标准化的视觉体系，以州的名义推广滑雪产业，同时成立专门的品牌传播部，针对广告策划、媒介资源、公共关系以及体育赛事推广等方面进行全方位渗透；通过定制化的推广、依托数字媒体资源、互联网社交平台的全方位开拓；每年策划世界性的重磅活动，并联合全球顶级的户外运动品牌，共同打造区域性的品牌活动，吸引全球滑雪爱好者；此外，积极疏通政府部门和世界级滑雪运动的权威组织，赢得赛事的主办权，积极与影视公司合作，提供电视、电影拍摄场地，扩大区域滑雪产业品牌的影响力。

（三）政府引导的推动机制

滑雪产业集群的发展不仅需要市场的推动，还需要政府的引导。政府应在前端做好滑雪产业的顶层设计，明确区域发展的大方向。通过自身的权力模式参与滑雪产业链的各个环节进行统一规划和分级管控，并以服务外包的方式推动集群发展。这样既能避免区域滑雪产业的同质化，又能通过政府途径的品牌输出塑造区域滑雪产业品牌，降低推广成本，实现推广效益的最大化。

同时，政府在塑造良好的营商环境、合理引导滑雪产业需求、建立产业投融资体制、制定总体产业规划、统筹建设产业设施、塑造和宣传产业旅游形象地等方面都具有不可替代的作用。政府可以以滑雪产业集群的建

---

① 孙双明，刘波，郭振，等. 改革开放以来中国滑雪场空间分布特征演变及影响因素研究［J］. 沈阳体育学院学报，2019，38（6）：8-15.

设为中心，制定产业政策和产业启动设想，通过对区域滑雪产业进行顶层设计，全域规划各区域的功能属性，建立完备的营销体系和产业结构体系。

（四）市场需求的驱动机制

市场驱动力是指由游客的刚性需求而导致的滑雪产业从传统的滑雪运动向休闲、竞赛、度假等多元化需求的转变。特别是随着滑雪产业的快速发展，人们的滑雪需求日益多样化。在冬奥会的引领下，许多游客对滑雪体验有着强烈的参与欲望，但受滑雪体育旅游地域性和季节性的影响，我国许多游客无法轻易开展冰雪体育活动。特别是 2022 年北京冬奥会的成功举办，中共中央办公厅和国务院办公厅联合下发相关文件，大力发展冰雪运动。在这种强大的产业氛围和政策推动下，滑雪产业集群应以滑雪产业为特色产业，以强大的市场需求为导向，考虑多种消费群体的需求，对滑雪产业进行更为精确的市场细分[①]，为不同的消费群体提供高标准的滑雪运动场地、专业化标准化的滑雪培训服务以及休闲娱乐性的滑雪旅游体验。

（五）社区参与的内生机制

在滑雪产业中，滑雪活动开展场地和风景景观活动区域既是滑雪产业活动的开展区域，也是当地居民的生活场所。随着全域滑雪旅游的推进，需要社区居民更多地参与和融合，从而产生更多的内生动力。集群发展与特色小镇建设的融合需要全社会和所有游客的参与。滑雪产业集群的发展需要社区居民积极参与到滑雪旅游的发展中，让他们参与滑雪产业的开发、规划和管理过程。在资源型滑雪产业集群建设中，可以整合当地村落和农户的力量，一方面可以保障区域经济发展的稳定性和村落农户的收入来源，另一方面也可以发挥农户的自主经营特色，塑造有特色的地域文化。

---

① 杨润田，徐腾达. 冬奥会背景下崇礼滑雪旅游产业的发展规模——基于经济预测的视角 [J]. 沈阳体育学院学报，2019，38（6）：1-7.

二、我国滑雪产业结构优化的推动要素分析

需求和供给是影响产业结构变迁的直接推动要素，其他要素最终都将通过需求和供给对产业结构的升级优化产生作用。其中，技术进步是核心推动要素，其他要素属于辅助要素。人力资本投资不仅可以通过提升人力资源的供给档次、提高资源的开发水平，不断提高旅游要素的供给，还可以影响消费者的需求结构，最终推动产业结构的优化。旅游产权制度有利于刺激旅游产业的技术创新，推动产业结构升级优化。利益相关者、政策制度和文化融合等人文环境因素是外生变量、辅助机制，它们可以间接地调节需求与供给状况，从而从以下4个方面对产业结构变动产生影响。

（一）技术创新要素

滑雪产业结构升级的过程是伴随着技术进步和生产社会化程度提高的，产业结构升级的过程是产业结构作为资源转换器转化效能和增加效能的过程。因此，技术创新和进步是滑雪产业结构升级最直接的推动力，技术创新推动滑雪产业结构升级的机制如下：技术创新—产生新的滑雪旅游服务产品—产生新的滑雪旅游服务方式或管理方式—效率提升—收益提升—滑雪产业增加值增长—形成新的技术创新推动力。

从总体经济角度考虑，技术创新、经济增长和产业结构密切相关，技术创新通过产业结构的优化对总体经济施加影响。在产业集群中，利用产业集群的网络化优势，通过专业化分工、地理邻近和企业间的关联，积极发挥协同创新效益和知识更新效应，在积极完善自身产业网络的同时，保持集群对外关联性，从而由内到外推动产业结构升级。

技术创新通过供给和需求两个方面推动产业结构升级。从供给方面来看，技术创新改变了劳动力的文化素质，促进了劳动力的合理流动，同时通过改变管理模式，提高了生产效率；从需求方面来看，技术进步使得顾客对物质和文化需求不断推陈出新，从而推动相关产业结构的升级。

因此，企业和政府应加大新技术的研发投入，走滑雪旅游的可持续发展之路。在促进滑雪产业结构升级优化的过程中，技术创新和创新机制是动力机制。随着新的索道运送技术、酒店接待手段的提升、滑雪预订 App 的使用，这些新技术、新创新手段的使用将积极推动滑雪产业的升级和改造，如图 9-1 所示。

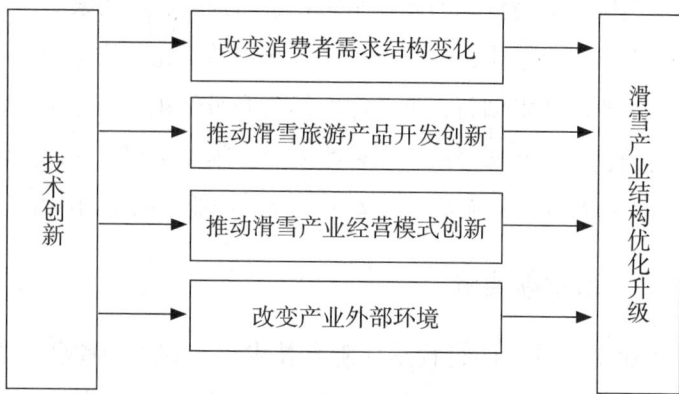

图 9-1　技术创新推动滑雪产业结构优化升级的途径

1. 改变滑雪消费者需求结构

随着技术创新的发展，消费者需求结构将发生较大变化。特别是近年来新的旅游服务 App 和网上预订系统的出现，以及淘宝模式的推广，在不同程度上影响着人们生活的各个方面，改变了原有的生活观念和消费习惯，从而改变了人们对滑雪旅游的需求，这必然推动滑雪产业的改革，如网上预订模式和自助旅游模式，将改变现有的滑雪产业推广模式。

2. 推动滑雪旅游产品开发创新

随着技术创新手段的发展，必然会使滑雪旅游生产手段更加合理化和现代化。根据技术发展的要求，产生一系列新产品，以开发差异化的滑雪旅游产品来满足不同消费者的需求，从而改变滑雪企业的收入结构，促使滑雪旅游产品的优化。例如，滑雪场可以通过对游客的调查分析，开发出更多的滑雪产品，设置单板公园、MOGOU 场地等专业化的滑雪场地，以满足不同层次滑雪爱好者的需求。

3. 推动滑雪产业经营模式创新

滑雪产业经营模式的转变是滑雪产业结构变化的最直接体现，不同的经营模式会对产业的组织模式和利润模式产生较大的影响，进而导致产业结构的变化。以东北地区为例，在滑雪产业发展的初期，通常采用政府主导模式，政府依靠行政和政策手段推动滑雪产业的发展，但由于政府资金有限，往往需要大量引进外部投资者，而外部投资者追求短期利润，导致滑雪旅游产品单一，影响产业的可持续发展。相比之下，集群的经营模式能够帮助滑雪旅游企业构建完善的产业链，引导滑雪产业的延伸，要求滑雪旅游企业之间开展更紧密的合作，共同进行技术创新，共同打造滑雪旅游价值，提升滑雪产业的竞争力。从生产要素的流动来看，生产要素会从生产率低的部门流向生产率高的部门。随着技术的网络化和透明化发展，技术进步和创新会直接改变滑雪产业生产要素的投入产出比例，使滑雪产业结构发生变化。同时，由于信息交流的顺畅，滑雪产业中的经济实体竞争将更加激烈，竞争力差的产业部门将逐渐被淘汰，而能够实现较高利润的产业部门将吸引更多的经济资源，实现快速发展。

4. 改变产业外部环境

技术创新可以通过推动与滑雪产业相关的其他产业的发展，为滑雪产业结构的升级优化提供条件，如人力资源是滑雪产业结构转型的根本保障，技术创新能够培养更多、更优秀的创新人才，将更多的技术成果应用于滑雪产业，推动滑雪产业向高级化发展。同时，随着技术的不断进步，与滑雪产业相关的交通、咨询、快递等行业在管理技术上也会发生较大程度的革新和发展，从而使产业结构发生质的变化，促进滑雪产业的升级优化。

（二）人力资本投资要素

产业的结构升级优化离不开人力资本的投入，滑雪产业对人力资源的需求较大。然而，东北地区作为我国滑雪产业的发源地，滑雪旅游人力资本投资仍然相对较少。因此，加大人力资本投资将有利于提高滑雪旅游人员的素质，刺激滑雪旅游需求，并提高滑雪旅游资源的配置效率，从而从根本上优化滑雪产业结构，促进滑雪产业的快速发展。人力资本的投资对滑雪产业的影响主要体现在 4 个方面，包括滑雪旅游产业需求优化、滑雪产业发展社会环境优化、促进滑雪旅游相关产业发展，以及促使滑雪产业结构升级，如图 9-2 所示。

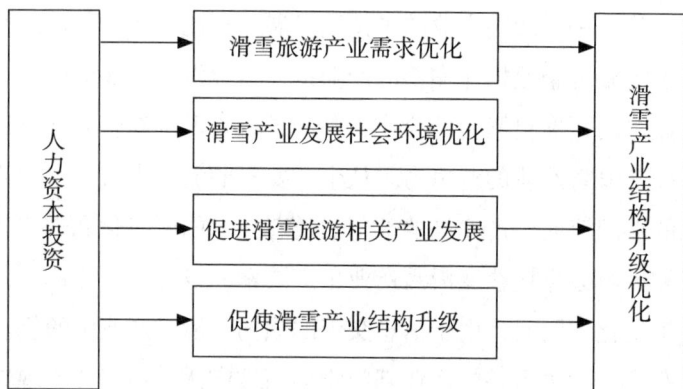

图 9-2　人力资本投资推动滑雪产业结构升级优化的途径

1. 滑雪旅游产业需求优化

人力资本投资对滑雪旅游需求的优化至关重要。研究表明，收入的增加将促使人们拥有更多的消费需求，为实现旅游需求奠定良好的基础。滑雪人口的增加和经济水平的提高是我国滑雪产业可持续发展的核心因素，因此，加大教育投入，培养滑雪产业潜在消费人群是促进滑雪旅游需求的重要条件。

2. 滑雪产业发展社会环境优化

人力资本投资对滑雪产业的影响主要体现在对社会环境的直接优化。对人力资本的投资将有利于提高人们的生活水平，提高旅游文明程度，促进可持续发展理念的贯彻，将有利于扩大滑雪旅游市场，优化滑雪产业发展环境。

3. 促进滑雪旅游相关产业发展

滑雪旅游业是体育业与旅游业的有机结合，作为一个综合性的服务行业，需要酒店业、交通业等各行业的共同发展和大力支持。人力资本的投资不仅能促进滑雪旅游业的发展，还能促进与滑雪产业紧密相连的其他行业的发展，而其他行业也将反过来促进滑雪旅游业的发展。

4. 促使滑雪产业结构升级

随着滑雪旅游业的发展，价低质廉的滑雪旅游产品将逐渐被各种优化配置、个性化的旅游形式所替代。观光型的冰雪旅游将与体验型的滑雪旅游实现完美结合，同时在滑雪旅游行业内部进行优化。但这些都需要以优质的人力资本作为保障，人力资本投资将增加滑雪旅游人力资本存量，直接为滑雪产业的发展提供所必需的各种人才，同时可以加强人才交流，优化人才结构，为滑雪旅游业的发展提供智力支持。

（三）产权制度方面

产权的归属关系是影响我国滑雪旅游业发展的重要因素。在市场经济条件下，产权制度具有激励和保障的双重功能。建立明晰的产权制度，制定合理的产权界定，合理、合法地确定产权归属关系，将降低滑雪产业在未来发展的不确定因素，增加人们获得收益的预期，激励并推动滑雪旅游创新主体的创新行为，促进滑雪旅游业的可持续发展。在我国滑雪旅游市场中，政府应逐渐从其中抽离，由参与变成激励，作为以获得市场利润为主要目标的滑雪旅游主体而言，只有在其自身的产权得到保护的情况下，未来预期具有确定性且获得未来利益概率较大的情况下，才能刺激市场主体创新品牌。只有在滑雪旅游管理和服务上多下功夫，才能获得较大的市场份额和利润，推动滑雪产业结构的升级优化，如图9-3所示。

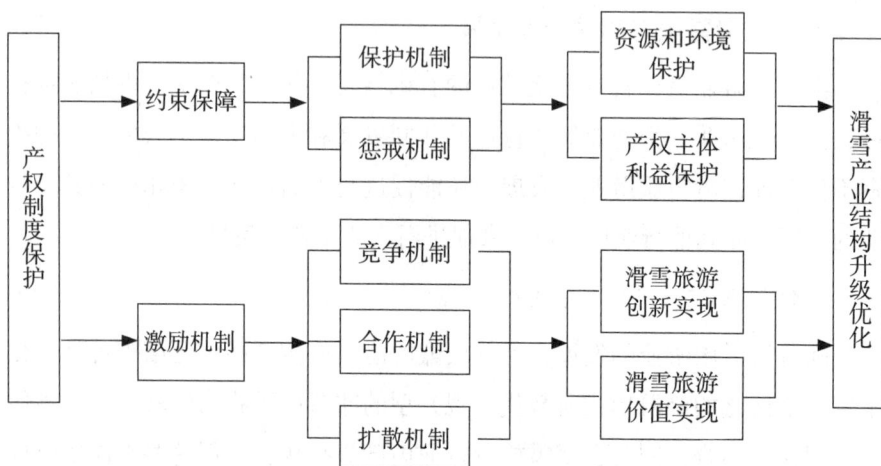

图9-3 产权制度促进滑雪产业结构升级优化作用机理

在滑雪产业的开发过程中，对环境的伤害难以避免。通过惩戒机制和保护机制，可以实现环境保护，保障滑雪旅游业赖以生存的环境免遭破坏，促进滑雪旅游业的可持续发展。在微观经济活动中，经济主体在衡量利用资产获得收益与付出成本之间的差额时，产权制度在成本大于收益的情况下，具有约束作用。产权制度在承包经营和委托经营等经营中能够起到约束经营主体的作用，通过约束经济主体的经营行为，保护产权所有者在经营中的正当权利。

（四）滑雪旅游人文环境要素与自然环境要素

滑雪旅游业是滑雪业与旅游业的有机结合，在发展过程中，利益相关者为滑雪产业升级营造社会发展氛围。在东北地区，随着滑雪旅游业的发展，滑雪旅游业与利益相关者的影响日益显著。利益相关者参与滑雪旅游开发的积极性也大大提高，并促进滑雪产业结构的变化。滑雪旅游的利益相关者核心包括政府组织、消费者、滑雪民间组织、其他组织机构和学校等。其中，政府负责制定滑雪旅游的发展政策和总体规划，建立滑雪产业的制度和发展体系，是滑雪产业结构调整的最直接的推动者；旅游者是滑雪旅游活动的直接参与者，是滑雪产业发展的源泉和动力，他们的需求变化将直接改变滑雪产业结构；其他组织如滑雪俱乐部等，将促使滑雪旅游业不断进行技术创新，加强对滑雪资源环境的保护，实现滑雪产业的可持续发展；学校的积极参与将大大增加滑雪人口，提高滑雪旅游业的竞争力。

文化融合机制为滑雪产业结构升级营造了文化氛围。文化元素在沟通滑雪旅游与游客之间起着特殊的作用，特别是全国都在大力发展滑雪旅游业的背景下，如何突出自身特色是一个亟待解决的问题，文化融合恰好满足这一需求。东北地区具有浓厚的地域特色文化，从滑雪产业自身特点、人文地理环境等方面入手，利用多种手段，实现滑雪文化与地域文化的完美融合，确立区域滑雪产业的文化价值，是实现滑雪产业结构转型及优化的关键要素，也是提升滑雪旅游业竞争力的重要条件。

自然环境保护为滑雪产业结构升级建立可持续发展理念，滑雪旅游资源是旅游资源与体育的有机组合，特别是在东北地区，大型滑雪场一般都建在风景优美的山区，如何保护自然资源成为滑雪产业发展的核心问题。在滑雪产业的初级阶段，滑雪场的发展与自然环境之间的矛盾日益突出，但是随着可持续发展理念的推行，当前滑雪产业的发展必须尊重自然环境，在保护生态的基础上寻找一种绿色发展模式，为滑雪产业的可持续、生态化发展奠定基础。

三、集群推动滑雪产业结构优化的动力机制

产业集群升级与产业集群成长密切相关，因此，产业集群成长的动力机制是产业集群升级的动力源泉。从产业经济发展角度来看，集群成长发展的动力主要包括创新驱动、市场驱动和学习驱动 3 个方面。而从升级的过程来看，主要包括过程升级、旅游产品升级、产业功能升级、产业价值链升级 4 个方面。因此，滑雪产业集群依靠其独有的产业竞争优势推动滑雪产业结构的升级优化，而这种推动力量主要通过以下三种机制完成：核

心动力机制是基于产业创新基础上知识溢出形成的创新效用；由集群规模效应形成的市场和品牌效应构成内部动力机制；外部辅助动力机制是集群引发的社会资本所引入的社会资源及产业政策和制度，如图9-4所示。

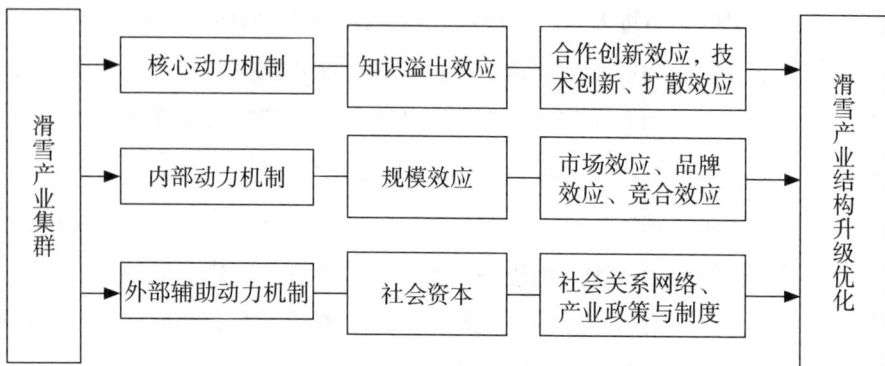

图9-4　产业集群推动东北地区滑雪产业结构升级优化动力机制

（一）核心动力机制——技术创新动力

技术创新动力作为产业集群的核心动力机制，主要是利用知识溢出效应来提升滑雪企业的创新能力。影响技术创新动力的主要因素包括外部环境因素、知识源以及组织对知识的接受能力。滑雪旅游发展的大企业可发挥其领导地位，将自身研发投入创新产出中；而小企业，则可选择性地吸收公共知识，但这都需要企业具备吸收和应用新知识的能力。知识溢出源、接受企业的动机和企业的吸收能力是影响知识转移的三大要素。产业集群正是凭借其强大的知识溢出效应成为区域经济发展的主体，产业集群的创新优势在全球区域经济的发展过程中得到了充分印证，如美国硅谷、浙江的中小企业集群等。集群的发展模式有助于缩短东北地区滑雪旅游企业间的空间距离，增进交流，形成显著的知识溢出效应，从而激发滑雪产业集群的创新效应，进而推动滑雪产业集群的创新和升级。

1. 合作创新效应

集群在进行技术创新时，合作创新效应主要通过专业化的分工和相互间的协作关系来促进集群内部的企业有序竞争，从而激发企业间的创新能力。滑雪产业集群中的企业可以以专业化的分工和协作为基础，通过地理位置上的集中和聚集，产生创新集聚效应，获得合作创新优势。就东北地区而言，滑雪旅游企业基本具有相同的性质，在旅游服务和旅游产品的生产方面存在同一性，专业化的分工有助于滑雪旅游企业在某一专门领域具备较强的能力。同时，产业集群内单个企业的机会主义行为都是具有成本的，通过企业间的信任合作，使得技术创新合作能力得以加强，弥补了单一企业创新能力不足的劣势。

在集群中，大量的专业化机构、滑雪旅游企业和消费者的聚集将降低企业进行创新的成本和风险。集群可通过旅游网络、传播机构、旅游商会、培训协会等组织形式来分散创新费用，从而降低单个滑雪旅游企业的创新成本和压力，避免滑雪旅游企业处于单独作战的局面。同时，消费者和滑雪旅游企业的聚集将有助于缩短创新反馈路径，进而节约企业成本。

2. 促进技术扩散

在滑雪企业的发展过程中，隐性知识存在于各个方面，难以被标准化。它通过非正式的、口头的，甚至是偶然的交流方式进行传播。高度专业化的结构、竞争者和客户在地理上的聚集产生大量的知识积累和信息累积效应。同行业的企业、供应商和消费者以及相关产业交织在一起，使企业更易学习到行业知识，降低企业成本。由于地理位置邻近，滑雪旅游企业可以以更经济的价格获得更优质的原材料，同时也可联合向顾客提供更出色的旅游服务。此外，企业间管理人员和职员之间的交流接触能够加快企业间知识的流动，使集群内的知识传播速度加快，溢出效应达到最大化。正是集群的力量，使企业更易获得创新资源，发挥隐性知识的潜力，滑雪旅游集群同时具备显著的技术扩散优势。滑雪旅游集群能够为滑雪旅游人才的流动提供便利，这些都为技术的扩散提供了重要保障。

（二）内部动力机制——滑雪产业经营动力

滑雪旅游企业和相关组织可通过集群内的协同效应、合作与竞争获得竞争优势，如资源聚焦效应、成本优势、区域品牌效应和竞争合作效应等，从而实现自身竞争实力的增强，促使滑雪产业的结构升级优化，如图9-5所示。

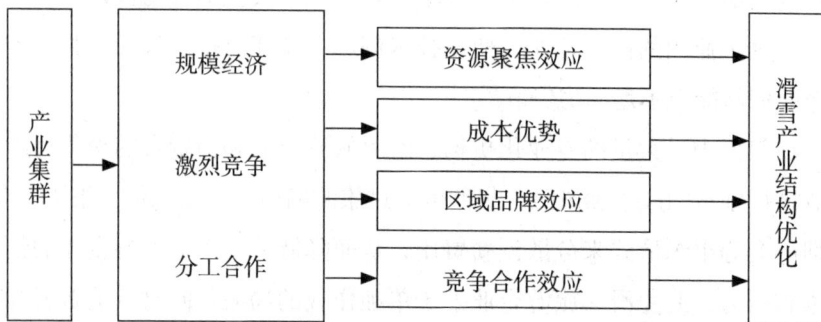

图9-5 产业集群推动滑雪产业经营的动力机制

1.资源集聚效应

滑雪产业集群基本上是以滑雪旅游资源的集中为基础而形成的，它可以促进相关产业的发展，从而促进滑雪产业结构的调整。滑雪产业集群可以通过其强大的影响力吸引区外的技术、资本和劳动等相关经济资源向产业集群集中，而产业集群能通过发挥集聚经济的优势来降低滑雪产业集群的平均成本和单一企业的平均成本，从而提高集群的无形资产，促进区域经济的发展。此外，集群还能吸引人才的集聚，降低人力资本的搜寻成本和交易成本，同时也加剧了人才间的竞争，为企业能够招募到优秀人才提供保障。

2.成本优势

由于企业和相关产业组织的聚集，滑雪产业集群可以共享基础设施，这样不仅可以节约大量的交易成本，还可以降低相关的生产成本。同时，建立在产业集群基础上的区域网络结构可以提高交易效率，节约相关成本。

集群内的企业由于空间的接近，可以降低每一次的交易成本，并将在未来持续减少交易成本。此外，集群内的企业由于共用部分公共设施，减少布局的分散，从而减少额外的基础设施投资，同时也可以减少相互间的物质和信息的转移费用，降低生产成本。例如，亚布力滑雪度假区通过内部企业的协作，在公共设施建设和人才交流方面都为产业发展节省了成本。

3. 区域品牌效应

在现代社会，竞争从更深层次来说是品牌的竞争。集群品牌蕴含着集群的地理特征和独特的历史渊源，是集群内品牌的浓缩。滑雪产业集群形成品牌后，应利用品牌价值的无形资产，加强宣传，通过网络手段宣传品牌，以实现品牌价值的最大化。在滑雪产业集群品牌的构建方面，我国的亚布力滑雪旅游度假区凭借其作为我国滑雪旅游发源地的优势，成为最知名的滑雪旅游品牌。而吉林省的长白山滑雪旅游度假区则是滑雪旅游业的后起之秀，在许多方面都值得其他企业借鉴。

4. 竞争合作效应

滑雪产业集群的形成使滑雪旅游企业和相关组织之间的联系更为紧密。在内部资源的交换和渠道的选择上，有助于加强企业与科研机构、大学之间的分工协作，使信息获取更加便捷。同时，也降低了滑雪旅游企业的经营成本，促进了企业间的学习和知识共享。紧密的联系也使竞争更加激烈，从而推动整个产业向更高层次发展。

在一个滑雪产业集群内部，成员之间的分工协作是发挥集群优势的关键。一个成员的优质服务能够推动整个集群的发展。例如，滑雪产业集群内的金融机构为滑雪旅游企业提供优质的金融服务和稳定的资金来源；政府和旅游管理部门为集群提供政策制度和运行机制；大学为集群内的企业提供优质的人力资源；科研机构提供相关的技术支持；宣传机构制定相关的宣传策略。各个部门都在各自擅长的领域发挥优势，形成优势互补、相互促进的优质联合体。

由于地理位置接近，企业对彼此的经营模式较为了解，企业间接触密切、相互影响，且对竞争机制的理解更为直观，竞争压力更为显著。落后的企业更容易改进自身落后的机制，模仿先进企业的先进思想和管理机制，从而实现先进知识的合理传递，促进整个行业的健康发展。

（三）外部辅助动力机制—滑雪产业发展环境动力

社会资本对滑雪产业集群的作用主要体现在对整个社会环境的影响方面。通常情况下，滑雪产业集群的社会资本存量越高，旅游集群的社会资本就越优质，越有利于集群的发展。滑雪旅游的社会资本主要包括结构、认知和关系 3 个维度，从各个方面为社会资本的交流和融合发展提供所需条件，从而促进滑雪产业集群内部和内外之间的交流与融合，推动产业结构升级，如图 9-6 所示。

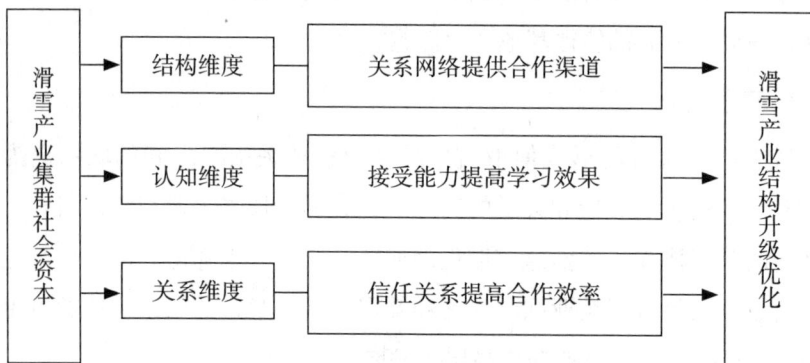

图 9-6　滑雪产业集群社会资本推动滑雪产业结构升级优化

从结构维度来看，社会资本作为一种有效的资本配置方式，丰富的社会资本将有助于滑雪产业集群获得专业化的技术和优秀的人力资源，优先享用政府提供的优惠政策、资金等集群所需资源。同时，社会资本所塑造的关系网络能够减少滑雪旅游集群内部的沟通障碍，企业可以通过与政府、大学和非营利组织之间的紧密联系，从而获取所需信息，降低企业搜寻信息的成本。

从认知维度来看,滑雪产业集群内的社会资本能促进集群成员间的学习,同时提高集群对新知识和新技术的转移和扩散能力。一个良好的合作网络有利于转化成员间共有的创新能力,从而产生规模经济,促进区域经济发展。

从关系维度来看,社会资本所呈现出的信任关系将促使成员间的互惠互利,减少对风险的恐惧,从而加强合作。社会资本可以为有效传播提供机会,提供信息共享和知识创新的平台,促进区域经济的创新。

从社会资本的作用途径来看,滑雪产业集群通过对滑雪产业外部环境,如兴建基础设施、加强政策支持、引入社会资本等方式推动滑雪产业结构的升级优化,从而形成滑雪产业集群推动产业结构升级的辅助动力。

四、产业集群推动滑雪产业结构升级优化的传导机制

根据以上分析可知,滑雪产业集群通过三种动力机制推动滑雪产业结构升级优化,但在这种升级优化的过程中,必须通过传导机制进行效应传导,滑雪产业集群推动效应主要通过集群内企业主体和利益相关者两个主体对滑雪产业集群的效应进行传导。

(一)滑雪企业主体传导

作为滑雪产业集群内的企业,是产业结构升级优化的核心环节,集群的优势最终要通过企业来体现,而产业结构优化的结果也需要通过企业来展现。集群中的滑雪旅游企业可以充分利用集群优势,加快技术创新,增强发展实力,提高滑雪旅游服务的层次和水平,实现滑雪企业的持续发展,从而带动整个产业的结构优化,如图9-7所示。

图9-7　滑雪产业企业发展能力传导

对于滑雪旅游企业而言，滑雪产业集群将有助于滑雪旅游企业之间形成较为稳定的专业分工和协作关系，使小微企业在技术创新成本上节省投资，使小企业借助租赁等方式，成为高科技设备的使用者，从而融入整个行业的升级和结构优化过程中。

滑雪产业集群有助于新进入行业的滑雪旅游企业迅速融入产业发展的大环境和当地的社会文化发展环境中，从而赢得企业的信任。由于地理位置邻近，产业集群可以增加隐性知识的传播，降低信息的交易成本，促进产业的技术创新。

集群有助于管理经验和技术知识的广泛传播，企业之间可以相互学习先进的经验、技术和信息，从而节约相关成本，由于距离的拉近，人才和知识的流动更快，从而加快技术的创新。

通过集群的力量，可以提升产业从业人员的专业技能，同时增强劳动力的流动性，促进专业化产业劳动力市场的形成，从整体上提高劳动力的综合素质。

滑雪产业集群可以促进企业、市场、消费者之间的信息反馈，提升集群内企业对市场的反应能力。畅通的知识流通渠道可以使得某一成功企业的良好开发模式、营销模式和管理经验在行业内快速传播，提高管理效率。

（二）滑雪产业利益相关者传导

滑雪产业的发展不仅关乎滑雪旅游企业的发展，还涉及与其相关的利益相关者，主要包括政府部门、滑雪旅游者、非营利组织、其他组织等。政府组织包含与滑雪产业密切相关的体育主管部门、旅游主管部门，以及税务、工商等主管部门，这些部门负责制定行业的总体规划和政策，建立滑雪旅游管理的制度，对整个行业进行管理和监督。滑雪旅游者是整个产业的动力，他们对滑雪旅游服务的要求直接影响整个行业的发展。非营利组织和其他组织主要指以滑雪旅游爱好者为主的组织，他们深入了解滑雪产业，是行业真正的参与者，间接影响政府决策和滑雪旅游者的消费行为，如图 9-8 所示。

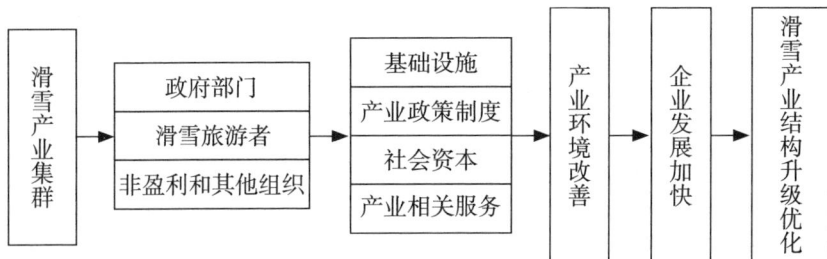

图 9-8 滑雪产业利益相关者传导机制

五、本章小结

本章分析了产业集群推动滑雪旅游产业升级优化的推动要素，并在此基础上分析了滑雪旅游产业结构升级优化的动力机制和传导机制。动力机制主要包括技术创新动力、滑雪旅游产业经营动力、滑雪旅游产业发展环境动力，并分析了动力机制在滑雪旅游企业和利益相关者之间的传导机制，阐明了产业集群推动滑雪产业发展的机制和路径，为后续研究奠定了基础。

第十章　基于企业能力的
我国滑雪产业升级的微观机理

　　企业是国家经济体系最基本、最有活力的单元。企业高质量发展是经济高质量发展的根本基础和动力源泉，也是改革开放、城乡建设、文化建设、生态环境、人民生活等领域高质量发展的基础单元和关键支撑。滑雪体育企业是滑雪产业发展的微观组织基础，实现滑雪产业升级和高质量发展，必须推动滑雪体育企业的升级发展。滑雪体育企业的高质量发展涉及的内容较多，但鉴于我国滑雪产业的特殊性，通过社会责任理论来审视滑雪企业的升级发展具有重要意义。因此，推动滑雪企业积极履行升级发展和高质量发展的社会责任，是推动滑雪产业转型升级的重要支撑力量。

一、滑雪企业高质量发展与企业社会责任

　　从微观层面讲，企业能力提升促进滑雪产业升级的重要表现是企业高质量发展。企业高质量发展主要是指企业依靠人力资本、知识、技术、品牌等要素，开展合法合规、环境友好、员工满意、公众信赖的生产经营活动，提供性能可靠、价格适中、数量适度、切合需求的产品和服务，从而实现长期利润和短期利润、经济效益和社会效益有机均衡的系统过程。从宏观

层面看，企业的升级发展和高质量发展是指在特定国家、地区或行业范围内，由众多不同规模和不同类型的企业围绕要素获取、产品供给、市场份额进行公平竞争和互利合作，持续提高以就业数量、税收贡献、产值规模、利润水平、创新成果等为表征的综合绩效，从而提升所在国家、地区或行业的竞争优势。

滑雪产业的发展核心在于滑雪企业，滑雪企业能力是决定我国滑雪产业在产业升级和转型升级过程中最重要的因素。企业的专有性越强，其价值创造能力就越大。同时随着我国滑雪产业的发展，在产业价值链上，拥有高质量基础设施、品牌运作和市场营销能力的滑雪企业将占据产业的高端地位。借鉴美国滑雪产业的发展经验，随着滑雪产业的发展，中小型滑雪企业将逐渐被边缘化，大型滑雪企业将逐步垄断市场，影响着产业的发展方向。专有性强的企业将拥有更多资源控制权和价值分配权，从而建立一种良性的协同合作关系。

从区域层面看，滑雪企业的转型升级主要包含以下4个方面：一是企业主体素质良好并且结构关系合理。企业组织产业明晰、自主运行、制度完善、竞争力强，且企业的所有制结构、行业结构、空间结构和规模结构等多维比例关系处于相对合理状态。二是投入要素类型高端化且配置效率高。滑雪企业依托于高素质人力资本和战略性资本投资发展，同时保持中低端生产要素投入的配套供给，并按照市场规则在企业间、行业间、区域间实现资源要素的优化配置。三是生产经营活动创新驱动且环境友好。滑雪企业由粗放型经营模式转向集约型，发展主要依靠创新驱动而非单纯依赖要素和投资，积极减少能耗和环境污染，促进与生态环境的良性互动。四是产品服务质量高且经济社会效益良好。滑雪企业所提供的滑雪产品和服务品质高，不仅在技术标准、安全标准上符合国家要求，而且能很好地满足广大消费者的差异化和个性化需求，通过高品质的产品和服务构筑市场竞争优势，实现经济效益与社会效益的双赢。

二、基于企业能力的滑雪产业升级微观机理概念模型

（一）滑雪企业的核心动态能力

滑雪企业最核心的要素就是市场感知能力，市场感知能力是指收集目标顾客的需求、了解产业的发展趋势和竞争对手信息的能力，并利用这些信息创造价值，帮助滑雪企业适应变化的发展环境。我国滑雪产业中的企业应积极培养市场感知能力、知识创新能力和社会网络能力。通过学习提升机制和能力进化机制两个中介变量实现企业战略升级，并构建企业升级的微观概念模型，通过企业问卷调查等方式对模型进行检验。

市场感知能力是指企业对市场变化的敏锐反应能力，通过收集信息、探索模式和调整策略来适应市场的变化，这种能力包括对资源的辨识能力、适应能力和合理配置能力。我国滑雪企业需根据技术、产业、政策的变化调整发展策略，及时把握机会，规避风险，从而适应环境的变化。

知识创新能力涉及知识的获取、整合和应用的过程，这对于企业的发展而言是一种重要的学习能力，是企业适应科技社会发展的关键学习能力。企业需不断吸收知识、利用知识，将知识应用于企业的经营管理，改善流程、提升服务，从而获得竞争优势。

社会网络能力是企业在动态变化的环境中如何与各类组织进行合作的能力，具体包含与合作者、消费者、竞争者、科研机构等利益相关者的合作，通过合作自身能力得到提升，达到协同发展的状态。

（二）滑雪产业升级的学习提升机制和能力进化机制

学习提升机制。在新时代动态变化的环境中，滑雪企业需根据环境变化调整自身的知识结构和知识存量，以改善其动态能力。这种更新动态能力的过程也是更新知识的过程，学习在这一过程中起到关键作用，通过学习调整认知，最终使得滑雪企业的核心动态能力得以提升。主要通过组织

学习、团队学习和个人学习3个方面来促进滑雪企业动态能力的提升，其中，组织学习尤为重要。组织学习主要分为两种形式：一是对企业生产经营过程中有价值的经验进行总结；二是主动学习企业所缺乏的知识。在这一过程中，人的主观能动性起到决定性的作用。通过学习，滑雪企业的知识得以更新，组织能力得以提升，从而更好地适应环境。通过对这3个方面的学习，滑雪企业的价值创造能力进一步加强，同时企业可以利用所学习的知识，提升在整个产业价值链中的价值量。

能力进化机制。由于环境的动态变化，滑雪企业的核心动态能力呈现出生命周期演化的特点，会经历产生期、成长期、成熟期和衰退期4个阶段。尤其是在衰退期，滑雪企业必须提升其动态能力，以应对持续的变化。实现企业动态能力不断进化的方式是完善学习机制。滑雪企业核心动态能力的本质是构建适应我国滑雪产业发展的独特的知识体系，完善的学习机制能保证企业知识存量的动态更新和知识结构的动态优化。因此，滑雪企业核心动态能力的提升有赖于滑雪企业的高效学习系统，通过不同的学习手段，最终实现滑雪企业动态能力的进化。

（三）滑雪产业升级的微观机理模型

在动态环境下，滑雪企业需培养市场感知能力、知识创新能力和社会网络能力等核心动态能力，通过学习提升机制和能力进化机制两个中介变量来实现滑雪产业价值链上价值量的提升。滑雪产业升级的微观机理概念模型如图 10-1 所示。

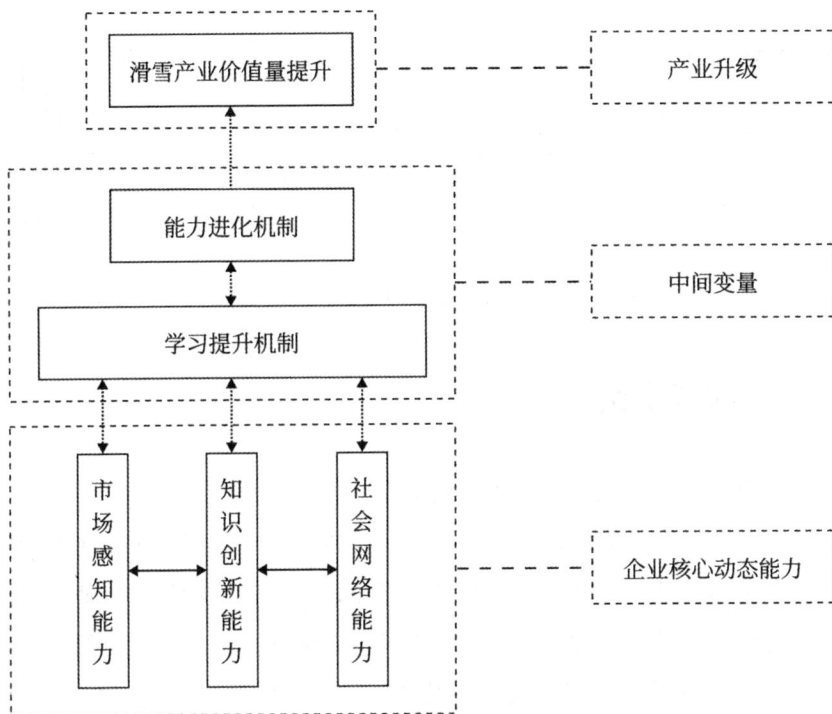

图 10-1 滑雪产业升级的微观机理概念模型

从现有文献可知，市场感知能力、知识创新能力和社会网络能力彼此相关，特别是在数字经济时代，知识创新能力对其他两个能力的影响较大。从我国滑雪产业的升级机理看，滑雪产业微观意义上的升级属于产业内升级，通过对市场感知能力、知识创新能力和社会网络能力等企业核心动态能力的培养，提升技术创新能力，最终从流程升级到产品升级再到功能升级，如图 10-2 所示。

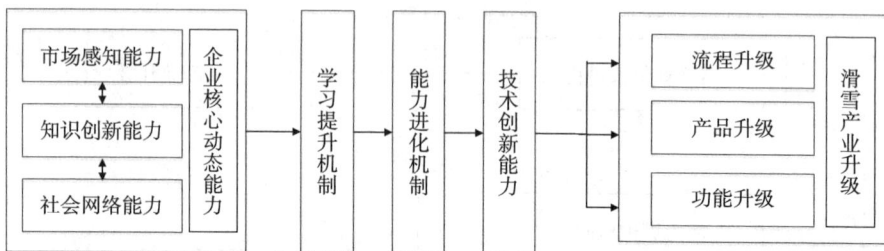

图 10-2　能力视角下的滑雪产业升级图

三、本章小结

　　本章首先对新时代我国滑雪企业的企业能力特点进行了分析，剖析了企业能力对滑雪产业升级的影响；其次基于以上研究，构建了基于企业能力的我国滑雪产业升级的微观机理概念模型；最后对我国滑雪产业升级的微观机理进行了分析。通过研究笔者发现，企业作为滑雪产业升级的微观主体，对滑雪产业的升级起着重要的作用。企业应适应时代特点，加强学习，强化核心动态能力培养，从而实现滑雪产业的升级和高质量发展。

第十一章　新时代我国滑雪产业升级实现路径研究

滑雪产业的升级是发展我国冰雪运动产业的重要载体，也是我国"带动三亿人参与冰雪运动"的重要抓手。随着我国滑雪产业的转型升级以及公众对滑雪旅游消费标准的提升，滑雪产业的发展要紧紧围绕文化和产业展开，重视文化引领下的特色发展和滑雪运动带动下的产业发展，并在运营思维、产业驱动、消费引领、环境保护和生活吸引方面进行深入探索。

新常态下，我国滑雪产业具有专业性和服务性特点，是建设健康中国和打造滑雪强国的重要组成部分。为实现滑雪产业高质量发展，不仅需进行政府权能的再造，还需重塑政府与市场的关系，创造有利于产业发展的环境。滑雪产业的健康发展需要有为政府和有效市场的完美结合，协同治理才能促进滑雪产业的健康发展。各市场主体能自主自律地行使其主体的权利，成为新常态下我国滑雪产业发展的重要议题。

一、加强体制机制创新，构建滑雪产业高质量发展机制

我国滑雪产业要实现高质量发展，必须确立明确的发展理念和指导思想，以全域旅游的理念引领产业发展。全域旅游的本质在于为游客创造条

件与便利，促使游客流动并进行消费。从各地全域旅游的经验来看，这一理念被证明是提升全域旅游产业竞争力的重要指导思想。因此，我国滑雪产业的高质量发展应全面贯彻高质量发展理念，努力实现从高速增长向高质量发展的转变，调动一切可利用资源，促进滑雪产业客源市场的增长。

（一）滑雪产业发展体制机制创新

为了更好地促进滑雪产业的高质量发展，资源丰富的地区政府应成立滑雪产业工作领导小组，加强对滑雪产业高质量发展工作的组织与协调。通过成立工作小组，可以在政府层面有效避免行政区划和行业之间的各自为政，防止全域滑雪产业发展的低效和失灵。领导小组能够在滑雪产业的战略定位、整体规划、法律法规、综合执法等多方面对各地的全域旅游工作进行领导和统筹。例如，浙江省全域旅游的成功得益于以政府为主体的滑雪产业管理体制，该体制构建了综合协调的管理机构，并明确了不同部门间的分工职责与协作制度。

（二）提升我国滑雪产业市场监管机制

在我国滑雪产业高质量发展的进程中，市场监管至关重要。市场监管需要各参与主体的共同作用，其中政府应发挥主导作用，负责统筹、指导、协调和监督全域旅游市场监管的全过程，严格落实滑雪产业属地政府的责任，明确各部门的职责和分工，提升各部门在全域滑雪产业市场监管中的作用，同时加强部门间的合作，完善合作机制，以提高滑雪产业市场的综合监管效率。我国应制定专门政策以促进滑雪产业发展，结合我国滑雪产业的发展方向和历年工作重点，国家发展改革委、文化和旅游部、体育总局、科技部等部门在安排政策性资金和项目时应向滑雪产业倾斜。应充分释放政策引导作用，加大产业扶持力度，适当降低扶持政策门槛，特别是在冰雪制造、冰雪创新等方面实行普惠性政策，无论企业规模大小均给予支持，用政策引领产业转型升级，助推结构调整，简化政策操作流程，重点解决政策落地问题。对于符合产业发展方向、具有特色创意、确有发展前景的投资项目，应灵活减少审批环节，缩短审批周期。应补充完善消费政策，拉动宏观层面的消费，借鉴法国经验，利用我国工会组织健全的优势，大力开展工会冰雪活动，对休假期间开展冰雪活动的人群给予补贴；同时，借鉴阿勒泰地区的做法，在冰雪资源丰富的地区免费对青少年开放冰雪场地。落实税费减免政策，激发冰雪企业活力，对于处于发展期的冰雪企业，各级政府应积极落实税费减免政策，尤其是要落实冰雪企业使用水、电、气、热不高于同区域内一般工商业电价标准的政策。通过取消、停征、免征和降低标准，减少冰雪企业的生存成本。例如，对于冰雪设备制造企业应按照高新技术企业的标准征收税费。

在强调政府责任的同时，应督促滑雪产业企业履行社会责任。滑雪产业企业是高质量发展中的重要参与者，承担着为游客提供全过程服务的重要责任。滑雪产业企业需积极主动承担角色所赋予的责任，为滑雪产业的高质量发展和良性运行奠定基础。因此，各滑雪产业企业应依法经营，按照国家、地方政府以及有关部门制定的法律法规合法经营，并按照国家相关质量标准，使旅游企业的经营更加标准化和规范化。

（三）滑雪产业高质量发展机制创新

作为旅游业的一部分，滑雪产业在全域旅游战略的实施下，对其目的地建设和运营提出了更高要求。为了更有效地利用全域内的冰雪资源，开发具有区域特色的旅游产品，满足游客全方位的冰雪需求，推动滑雪产业目的地的整体发展，有必要构建标准化的工作机制，优化滑雪产业的标准体系。我国应积极推进冰雪全域旅游的标准化体系建设，优化提升滑雪产业属地的标准化体系。在深入解读国家政策的基础上，结合我国的本土实践，将国家政策与地方现状合理结合，构建新的滑雪产业高质量发展标准化体系，制定适合我国滑雪产业的标准化体系。需完善标准推进机制，强化政府在标准实施中的作用，同时充分发挥滑雪产业企业在标准实施中的作用，并加强标准的监督。

（四）构建滑雪产业高质量发展合作机制

滑雪产业的高质量发展，在发展过程中必然涉及众多的旅游发展要素。因此，在发展过程中必须在大范围内共享和整合区域内的旅游发展要素，以最大化滑雪产业要素的利用率。在整合旅游发展要素的过程中，应坚持区域联合、优势互补、互利共赢的原则，加强全域滑雪产业中的区域内合作和跨区域合作。通过合作实现冰雪产品的联合开发和宣传营销的特色化，从而实现整体的互利共赢。

第一，创新滑雪产业合作机制。建立由各地滑雪产业牵头的区域旅游合作委员会，构建区域滑雪产业合作机制，加强区域滑雪产业合作，实现冰雪资源的合理优化配置，提升全域滑雪产业属地的整体竞争力。在可共用的市场和信息等领域，合作推动滑雪产业带建设，加强对于滑雪产业资源和其他领域资源的合理开发和配置，开发多种滑雪产业业态的合作模式，增强滑雪产业与其他行业的合作，调动全民、全行业参与滑雪产业高质量发展的积极性，为我国滑雪产业高质量发展创新合作机制提供保障。

第二，创新滑雪产业合作制度。整顿和废除妨碍区域滑雪产业合作机制的制度和政策，制定新的制度和政策；针对参与我国滑雪产业高质量发展的主体，重视各利益相关者的利益分配，并构建合理的利益分配机制，促进我国滑雪产业资源与设施的利用效率最大化。

第三，创新我国滑雪产业区域合作路径。滑雪产业的高质量发展不仅体现在对冰雪资源的利用上，还需关注滑雪产品开发和产业运营的高效性。在合作路径上要进一步创新。在挖掘区域特色冰雪产品的基础上，需要各部门联合开发滑雪产业产品，形成完整的滑雪产业产品体系；要合力开发滑雪产业功能区，设计滑雪产业精品路线，打造冰雪特色旅游目的地，创新全域滑雪产业新业态，共同举办滑雪产业赛事、冰雪节庆活动等。

第四，创新滑雪产业合作环境。滑雪产业需要合作发展的环境，因此，应借助数字技术，构建智慧旅游合作体系，打造区域滑雪产业服务信息平台，推动区域滑雪产业信息的共享和区域之间的产业合作升级。

二、技术创新夯实我国滑雪产业升级基础

（一）改进滑雪产业投资和经营方式

作为滑雪产业发展的核心，滑雪场至关重要，特别是大型滑雪场的建设初期，应充分考虑"可持续发展"的需要，在场馆和设施的设计上，需综合考虑临时与永久性结构的整体性和功能性，特别是永久性的建筑，避免盲目追求规模，应合理设计共建结构，使其功能多样化，以便活动结束后能够得到有效利用。此外，大型滑雪场的建设还要扩大融资渠道，减少对政府投资的依赖，应积极鼓励民间资本参与，以解决滑雪场的运营资本问题。同时在经营管理模式上，应借鉴国内外滑雪场的成功经验，成立专业的管理机构，采取灵活多样的经营方式，加强内部经营项目的整合，并融入群众体育的运营中。

（二）改革和创新滑雪产业现有的管理与运营体制

行政管理部门应以管理者和协调者的身份参与体育经济行为，适当进行宏观调控，减少对具体经营过程的干预，即使对市场行为进行调控，也应以经济、法制手段为主，行政手段为辅。受传统管理体制的影响，一直以来，我国大型滑雪产业服务项目的开发和推广速度迟缓，并未根据市场需求的变化而主动开发新型服务项目。我们需要创新管理模式和营销理念，以市场化为导向，真正树立以消费者为中心的服务理念，切实维护消费者利益，打破传统体制的束缚，如可以借鉴俱乐部管理模式、社会化服务管理模式、混合式管理和私人化管理模式等。我们还应积极探索符合我国国情的场馆管理模式，努力加强我国滑雪场管理的体制创新，实施企业化改

革，建立法人治理结构。

（三）加大滑雪产业人才建设，从需求侧的角度构建复合型人才培养机制

政府应发挥引导作用，推动滑雪产业复合型人才建设。加强对高等教育滑雪产业专业人才的培养和扶持，放宽冰雪运动发展所需的专业审批和招生人数限制，鼓励本科和高职院校培养相关人才。在冰雪社会体育指导员认证方面，应打破收费考试认证的模式，实行开放的认证政策，让更多拥有冰雪运动技能的爱好者获得认证。普惠性校外公益冰雪运动培训政策可通过协会组织、社区体育志愿者组织，基于社会、学校、家长、企业资助进行实施，提供普惠性的校外青少年冰雪运动培训和训练，培养冰雪运动志愿者教练、增加社区非营利场地设施供给、培育非营利性社区冰雪组织等，通过降低冰雪运动的参与门槛，进而提高冰雪运动的参与度。

（四）推进滑雪产业管理模式创新，提升专业化管理水平

在我国滑雪产业的发展过程中，应遵循现代企业制度和市场经济发展规律，不断改进滑雪企业的经营模式和组织结构，推动产业结构的转型和管理模式的创新。在发展过程中，需完善和延伸滑雪产业链，培育和壮大滑雪产业市场主体，以提高滑雪产业的核心竞争力。

（五）推进多方参与的滑雪产业经营模式

面对来自省内外滑雪产业企业的激烈竞争，必须采用创新经营模式，同时集群也为滑雪产业资源的创新提供了必要支持。在改革过程中，应逐步建立与市场经济环境和要求相适应的运营管理制度，充分调动职工的积极性，增强员工的服务意识和责任感，建立健全激励与约束并重的高效管理制度，确保滑雪场改制后运营规范、效率提高。要考虑场馆的多功能性和多元化发展，经营政策上，如场馆的冠名、广告宣传等应给予更多自主

权，实现经营项目多元化，打造场馆经营的品牌效应，增强自身养护能力。提升员工整体素质，增强公共场馆管理者的服务意识，提升服务质量和服务水平，大力拓展服务项目、服务时间和空间，实施精细化管理，让市民享受更优质的体育服务。同时，引入专业滑雪场管理团队和体育经纪人，进一步提升管理水平。

（六）充分挖掘滑雪产业的商业潜力

滑雪产业不能仅依赖体育赛事维持运转，需深度开发其商业潜力，包括打造综合型商业圈、完善体育服务项目、发展体育中介组织，以及开发无形资产等。

虽然滑雪场的地理位置可能不如市中心的商业街，但它拥有独特的经营优势。市场经济学家指出，商品买卖与群聚程度成正比增长，群聚效应提升了产品的知名度，同时也增加了产品的广告效应，提高了消费者对整个产品链的市场认知。滑雪场经营的品牌专卖店在吸引特殊消费者方面具有天然的优势。滑雪场商圈依托滑雪场品牌，凭借硬件优势，打造具有运动主题的群聚商圈。①

体育中介组织作为体育市场不可或缺的主体之一，其重要性不容忽视。滑雪场应积极加强与体育中介组织的合作，促进滑雪场商业潜力的发掘。

开发滑雪场的无形资产，扩大场馆运营的创收渠道。滑雪场的冠名权是最大的无形资产，随着企业冠名滑雪场的增多，企业在滑雪场冠名上的投资都得到了回报，而且超出预期。因此，滑雪场冠名不仅是一种有效的市场营销策略，也是体现低成本、高效率运营的最佳方式。

---

① 包安霞. 论体育在构建和谐社会中的地位和作用［D］. 重庆：重庆大学，2007：128-129.

三、集群协作打造我国滑雪产业升级平台

（一）精准定位：将人本理念贯穿规划和建设的全过程

滑雪产业的全域发展核心是"以人为本"，作为旅游业与体育业相互融合的产业，滑雪产业的全域发展须坚持人本理念。项目规划者需要从实际运营角度出发，考虑如何进行特色发展、如何深入挖掘文化、如何与当地居民构建良好的主客关系。对注重地域与环境发展的滑雪旅游产业而言，与当地居民协调关系，保护和传承当地居民的生产、生活及传统文化是必须考虑的问题。在顶层设计方面，应优先考虑滑雪区域内现有的自然生态环境，以及特色人文资源和风景资源的保护，促进当地居民与滑雪区域建设协调发展，从而赋予滑雪产业升级建设可持续发展的动力。

（二）整体规划、协调统筹，构建一体化的区域滑雪产业经济圈

产业集群的核心在于全行业中的全要素整合，全过程、全时空的产业供给，以及全方位的游客体验。[①] 全域旅游理念的核心在于对资源要素最大限度地整合、优化和运用。滑雪产业是其所在地发展的生命之源，需要积极地引导和培育。大力培育和发展滑雪产业驱动力[②]，通过产业升级建设拉动地区滑雪产业的发展。虽然我国滑雪产业发展起步较晚，在产业链完善程度方面还不够健全，在产业化、集群化、规模化发展方面还存在一定差距，但在 2022 年北京冬奥会的历史机遇下，应借鉴当地具有基础和发展潜力的产业经验，加强体育与旅游、健康、文化等相关产业的融合和推动，进一步提升和丰富上下游的产业链，利用休闲度假、户外滑雪、高

---

① 朱宝莉，刘晓鹰. 全域旅游视域下民族特色小镇发展策略研究［J］. 农业经济，2019（3）：15–17.

② 张婷，李祥虎，姚依丹，等. 全域旅游视阈下辽宁省运动休闲小镇发展经验及启示［J］. 体育文化导刊，2019（3）：76–81.

端体育赛事观赏体验，实现多产业的融合和互动。在产业打造方面，需深度挖掘潜力，突破季节性发展困境，形成产业集群发展局面，并积极培养多元化业态，同时要积极发挥政府和龙头企业在滑雪产业升级中的作用，构建可持续发展的产业生态圈。例如，加拿大惠斯勒小镇作为 2010 年温哥华冬奥会和冬残奥会的滑雪比赛场地，积极发展各种产业，每年举行各种级别的滑雪比赛、高尔夫球，以及山地自行车比赛，通过滑雪运动的带动，形成了冰雪运动、户外运动、休闲旅游、高尔夫球运动为一体的运动集合，并在滑雪运动的带动下，交通设施健全、购物中心完备。在政府的大力推动下，积极举办各种有特色的文化旅游活动，从而使得惠斯勒成为世界知名的滑雪旅游目的地。

（三）市场化道路引领下的政府与市场协同合作机制

在国家政策的支持下，各级地方政府对滑雪场的建设积极响应。但是对于滑雪产业升级来说，主要还是由市场进行资源配置，国外的滑雪旅游度假区也并未有明显的政府干预，大部分是在市场的引领下，发挥了人才、资本和项目的集聚效应。[①]滑雪产业升级要满足大众游客对滑雪旅游的需求，突出体验旅游的特色，同时实现从景点旅游向全域优质旅游的提升。[②]因此，我国滑雪旅游度假区的全域发展的根本还是须走市场化道路，在政府引导和市场主导的机制下，进行滑雪旅游地的建设。要明确政府和市场的职责体系，加强政府的正确引导，为滑雪产业的发展提供有利的条件和有效的环境支撑，助力市场参与主体高效自主地组合资源，并创造新的旅游产品。我们应坚持市场导向，让滑雪旅游市场的主体根据产业集群优势、游客体验偏好及当地居民文化传统等因素进行资源组合，充分发挥这些要

---

① 王先亮，王晓芳，李保安. 2022 年冬奥会背景下我国滑雪产业供给侧改革与需求侧升级［J］. 沈阳体育学院学报，2018，37（2）：1-7，42.

② 张春艳. 冰雪旅游资源价值形成与实现机制研究［D］. 哈尔滨：哈尔滨工业大学，2008.

素的溢出效应。

（四）以文化为"主线"打造，凸显文化精髓

文化是滑雪产业发展的重要依托。文化元素的注入将增强滑雪旅游的体验感。[①] 在文化打造方面，主要有两种方式：一种是深入挖掘当地文化，利用"文化＋"策略在产业发展中积极嵌入文化元素，以实现地域性文化的创新与发展；另一种是积极挖掘滑雪产业中的文化精髓，进而发展产业文化。通过这两种方式，可以打造滑雪旅游度假区的独特精神、文化内涵和灵魂，逐步塑造滑雪的文化符号和文化特质，从而增强当地居民、游客及管理者的认同感。在许多成熟的滑雪度假区，文化的培育和运用受到高度重视，这也赢得了体育爱好者和休闲运动者的青睐和向往。

（五）营造生活吸引力，增强居民参与意识

滑雪产业升级的最终目的是打造新的生活空间，从而满足人们对于美好生活的向往。[②] 人是建设和参与的主体，也是产业发展的主体，人本原理的运用将通过合理的资源配置，打造宜居、宜游的体验氛围，这样建设的滑雪旅游地才更具吸引力。对全域建设中的居民而言，他们既是全域发展建设的参与者，也是直接的受益人，他们的生活方式及精神面貌直接影响着滑雪旅游的文化积淀和符号表达。提高居民对滑雪运动的热情和自身的综合素质将有利于提升居民的获得感、参与感和幸福感。通过对滑雪旅游精细化的管理来满足居民的需求和游客的需求，实现二者的协调发展。在对吉林省万科滑雪旅游度假区的调研中，青山民宿的建立就是这一方面的体现，他们通过租用当地农户的老宅，并对其进行改造，使得村民和投

---

① 李小兰，阚军常，张宏宇. 北京 2022 年冬奥会背景下我国滑雪产业转型升级研究［J］. 体育文化导刊，2018（3）：82–86.

② 候成哲. 德国旅游小镇的发展举措对中国旅游小镇建设的启示［J］. 城市问题，2018（7）：28–32.

资方都成为民宿的股东，打造具有东北特色的民宿村落，增加了当地村民的收入，也为游客提供了体验东北文化的良好场所。

四、制度创新构建我国滑雪产业升级环境

在新常态下，高质量发展的本质就是深化行政管理体制改革的核心举措。[①] 我国产业发展具有专业性和服务性特点，是我国体育领域重点需要改革的领域。在行政规制逻辑的基础上，实现滑雪产业的治理改革创新，既要进行政府权能的再造，也要重塑政府与社会的关系，为产业的发展提供良好的空间。

（一）政府权能重构，为多元主体参与创造条件

体育行政管理部门既是滑雪产业升级的执行者，也是改革的主要对象。在滑雪产业发展的很长一段时间里，以政府为主导的强制性政策工具的使用，仍是影响产业发展的关键力量。同时，由丁我国滑雪产业发展横向秩序协调机制不健全，政府、市场、滑雪产业组织的发展不成熟，导致尚不具备多元主体参与滑雪产业发展的条件。从政策文本的分析和滑雪产业的发展趋势来看，市场将在体育资源的配置中起到决定性作用，但政府也需要更好地发挥作用，这是滑雪产业升级的必然选择。政府将逐步退出直接参与体育资源的分配，为市场发挥决定性作用释放空间，为其他社会主体参与滑雪产业的发展搭建平台。

体育行政管理部门的职能重构在于推进一个从内到外的自我革命和放权让利的过程。在这个过程中，通过下放和转移来调整体育行政部门的职能，实现行政管理部门向社会放权和让利，将适合由社会组织提供的公共服务交由社会组织承担，同时政府部门移交的体育职能，应合理配置到社

---

① 廖伟伟. 行政法视角下高等教育"放管服"改革的本质、要点与路径——兼论我国教育行政执法的重大变革［J］. 重庆高教研究，2017，5（6）：28–37.

会组织中，以实现职能的合理过渡。

（二）滑雪产业组织的自主运行：形成多元主体的协同共治格局

面对国家高质量发展改革的新形势，滑雪产业组织作为创新社会治理主体，在新常态下将拥有更多的发展机遇和拓展空间。滑雪产业组织在放管结合、优化服务方面具有不可替代的作用，是实现滑雪产业"放管服"中不可或缺的主体。[①] 政府、滑雪产业组织、企业、个人等多利益相关者的共同参与，构成了"放管服"改革的一个协同治理格局。在滑雪产业的协同治理格局中，滑雪产业组织和企业承担赛事活动组织、平台搭建、培训保障、信息宣传、健身服务等事务。[②] 体育行政部门与企业、滑雪产业组织之间并无竞争关系，而是一种协同共治格局，协同治理不仅是委托、补贴或者奖励，而且是集聚市场和政府的力量，鼓励民众参与，为社会和市场提供更大的发展动力。

（三）坚持法治：为滑雪产业参与主体提供保障

虽然我国现行的滑雪产业政策工具为混合型，但从长期滑雪产业的发展来看，会逐渐朝着自愿型政策工具的使用发展。因此，在产业的发展过程中，"放管服"必须在法治化的环境下进行，滑雪产业的发展必须运用法治的思维和法律制度来规范管理各项产业事务。[③] 通过法治、问责等制度限制政府在滑雪产业中的自由裁量权，规范其权力的使用。通过制度推进滑雪产业组织的发展，并为各类滑雪产业主体参与产业管理创造条件。

---

① 王飞. 冬奥背景下我国区域滑雪产业结构效应研究［J］. 沈阳体育学院学报，2016，35（5）：34–39.

② 黄河，陈林会，刘东升，等. 基层体育治理的学理基础、现实图景与应对策略［J］. 体育科学，2018，38（2）：21–31，73.

③ 王飞. 2022年冬奥会背景下我国滑雪产业升级的内在需求判断［J］. 山东体育学院学报，2019，35（2）：1–6.

通过法治手段，实现政府与市场、政府与企业之间的角色定位和制度化，用法律的刚性手段划清各级体育行政部门、企业、滑雪产业社会组织之间的权利界限，实现体育行政管理责权的法定化[①]，既能规范和约束政府行为，又能更好地激发产业发展活力。同时，在"放管服"的过程中，体育行政职能的转变，在权力下放和转移的过程中必然会遭遇重重阻力，只有用法律的刚性手段来明确行政权力的界限和行使方式，才能使政府和社会对滑雪产业的参与和投入更加理性和主动。[②]从微观上来看，要借鉴其他产业发展的经验，完善工商、税务、财政等方面对滑雪产业的法律法规建设，规范滑雪产业市场秩序，保护滑雪产业组织和体育企业的合法权益；同时，要确保各级主体对"放管服"的认同和热情，真正做到体育行政权力在规定范围内的履行，避免发展简政放权中的"事转权不转"或者"一放到底"的行为。此外，要构建完善的双向制监督体系，用法律的手段来明确社会和市场在滑雪产业发展中对体育行政部门的监督和问责。同时，体育行政部门也可以通过法律的手段来规范产业发展中的市场行为，发挥"看得见的手"的监督作用，构建双向制的立体监督体系。

五、本章小结

我国滑雪产业升级优化是滑雪产业高质量发展的重要组成部分。因此，要加强体制机制创新，推进我国滑雪产业基础设施建设，加大滑雪配套产业开发力度，延伸滑雪产业链条，建立我国滑雪产业发展联动机制；加大技术创新，将数字技术融入滑雪产业的升级中，探索数字经济驱动下滑雪产业升级优化的创新体系；加快产业集群建设，培育我国滑雪品牌，增强

---

① 陈林会. 挑战与超越：基于中观视角的体育治理创新［J］. 体育与科学，2016，37（5）：47–54.

② 王飞，朱志强. 推进滑雪产业发展的大型滑雪旅游度假区建设研究［J］. 体育科学，2017，37（4）：11–19，28.

大型滑雪旅游度假区的引领作用，利用我国地域资源，塑造独特的冰雪文化、冰雪风俗并营造大众冰雪健身氛围；加快我国滑雪产业与其他产业业态的融合，加快我国滑雪产业投融资体系建设，同时坚持制度创新，建立促进滑雪产业高质量发展的制度体系。

参考文献

一、论著

（一）英文论著

［1］Csikszentmihalyi M. *Beyond boredom and anxiety*［M］. San Francisco.
CA：Jossey-Bass，1975.

（二）中文论著

［1］［美］道格拉斯·诺斯，罗伯斯·托马斯. 西方世界的兴起［M］.
厉以宁，蔡磊，译. 北京：华夏出版社，1999：5.

［2］［美］西蒙·哈德森，［美］路易斯·哈德森. 冬季体育旅游［M］.
林赞，译. 北京：清华大学出版社，2019.

［3］唐云松，赵宏宇，李松梅. 滑雪旅游产业［M］. 哈尔滨：黑龙江教
育出版社，2009.

［4］习近平. 习近平谈治国理政：第三卷［M］. 北京：外文出版社，
2020：237.

［5］谢彦君. 基础旅游学［M］. 北京：商务印书馆，2015.

［6］包安霞. 论体育在构建和谐社会中的地位和作用［D］. 重庆：重庆

大学，2007：128-129.

[7] 董小亮. 区域体育产业竞争力分析与评价 [D]. 江苏：江苏大学，2010.

[8] 张春艳. 冰雪旅游资源价值形成与实现机制研究 [D]. 哈尔滨：哈尔滨工业大学，2008.

[9] 张涛. 江苏省高校体育场馆资源开放现状与影响因素分析 [D]. 南京：南京师范大学，2008.

二、期刊论文

（一）英文期刊

[1] Aranda-Cuéllar P, López-Morales J M, Such-Devesa M J. Winter tourism dependence: A cyclical and cointegration analysis. Case study for the Alps [J]. *Tourism Economics*, 2021, 27 (7): 1540-1560.

[2] Bausch T, Unseld C. Winter tourism in Germany is much more than skiing! Consumer motives and implications to Alpine destination marketing [J]. *Journal Of Vacation Marketing*, 2018, 24 (3): 203-217.

[3] Dobos I, Richter K. The integer EOQ repair and waste disposal model-further analysis [J]. *Central European Journal of Operations Research*, 2000, 8 (2): 173-194.

[4] Duglio S, Beltramo R. Environmental Management and Sustainable Labels in the Ski Industry: A Critical Review [J]. *Sustainability*, 2016, 8 (9): 851.

[5] Favre-Bonte V, Gardet E, Thevenard-Puthod C. Inter-organizational network configurations for ski areas innovations [J]. *European Journal of*

参考文献

Innovation Management, 2016, 19（1）：90–110.

[6] Feser E J, Bergman E M. National industry cluster templates: A framework for applied regional cluster analysis [J]. *Regional studies*, 2000, 34（1）：1–19.

[7] He Z, Xu S, Shen W, et al. Overview of the development of the Chinese Jiangsu coastal wind–power industry cluster [J]. *Renewable and Sustainable Energy Reviews*, 2016（57）：59–71.

[8] Konu H, Laukkanen T, Komppula R. Using ski destination choice criteria to segment Finnish ski resort customers [J]. *Tourism Management*, 2011, 32（5）：1096–1105.

[9] Kurtzman J. Economic impact: sport tourism and the city [J]. *Journal of Sport Tourism*, 2005, 10（1）：47–71.

[10] Kuščer K, Dwyer L. Determinants of sustainability of ski resorts: do size and altitude matter? [J]. *European Sport Management Quarterly*, 2019, 19（4）：539–559.

[11] Möller C, Ericsson B, Overvåg K. Seasonal Workers in Swedish and Norwegian Ski Resorts–Potential In–migrants? [J]. *Scandinavian Journal of Hospitality and Tourism*, 2014（14）：4, 385–402.

[12] Porter M. The competitive of nations: cluster and the new Economic of competition [J]. *Harvard Business Review*, 1990（5）：77–90.

[13] Steiger R, Scott D. Ski tourism in a warmer world: Increased adaptation and regional economic impacts in Austria – ScienceDirect [J]. *Tourism Management*, 2020（1）：77.

[14] Steiger R. Scenarios for skiing tourism in Austria: integrating demographics with an analysis of climate change [J]. *Journal of Sustainable Tourism*, 2012, 20（6）：867–882.

[15] Tsiaras S. Exploring the Impact of Tourism to the Sustainable Development

of Mountain Regions: Implications of the Climatic Conditions [J]. *International Journal of Agricultural and Environmental Information Systems*, 2017, 8（1）: 14-28.

（二）中文期刊

［1］曹明，阳永连. 我国矿产资源配置政策工具应用研究 [J]. 资源开发与市场，2017，33（10）: 1193-1196.

［2］陈林会. 挑战与超越: 基于中观视角的体育治理创新 [J]. 体育与科学，2016，37（5）: 47-54.

［3］崔佳琦，王文龙，邢金明. 新发展格局下我国冰雪体育旅游产业高质量发展困境与路径探索 [J]. 体育文化导刊，2021（8）: 7-13.

［4］董取胜，柯勇. 运动健身参与如何影响社会归属感——基于网球运动健身者的质性分析 [J]. 西安体育学院学报，2022，39（4）: 453-461.

［5］冯烽. 北京冬奥会背景下中国冰雪经济高质量发展的推进策略 [J]. 当代经济管理，2022，44（3）: 41-47.

［6］苟俊豪，乔晗. 新疆冰雪旅游发展战略SWOT分析 [J]. 新疆社会科学，2015（5）: 50-55.

［7］韩瑞波，彭娟. 平台化生产: 社区服务供需匹配的运作机制与逻辑理路 [J]. 深圳大学学报（人文社会科学版），2023，40（5）: 107-116.

［8］郝晶晶，齐晓明，张素丽，等. 内蒙古冰雪旅游资源及其利用研究 [J]. 干旱区资源与环境，2017，31（9）: 201-207.

［9］何文义，郭彬，张锐. 新时代我国滑雪产业本质及发展路径研究 [J]. 北京体育大学学报，2020，43（1）: 29-38.

［10］候成哲. 德国旅游小镇的发展举措对中国旅游小镇建设的启示 [J]. 城市问题，2018（7）: 28-32.

［11］黄海燕. 新阶段、新形势：我国体育产业发展战略前瞻［J］. 上海体育学院学报，2022，46（1）：20-31，51.

［12］黄河，陈林会，刘东升，等. 基层体育治理的学理基础、现实图景与应对策略［J］. 体育科学，2018，38（2）：21-31，73.

［13］黄中伟，胡希军. 旅游资源释义［J］. 浙江师范大学学报（自然科学版），2002（2）：169-172.

［14］金准. 冬奥会带来的旅游业高质量发展契机——以1972年札幌冬奥会为例［J］. 旅游学刊，2020，35（4）：3-5.

［15］阚军常，王飞. 冬奥战略目标下我国滑雪产业升级的驱动因子与创新路径［J］. 体育科学，2016，36（6）：11-20.

［16］寇明宇，沈克印. 有效市场与有为政府：滑雪产业发展的协同机制与实现路径［J］. 西安滑雪学院学报，2021，38（1）：63-69.

［17］李安娜. 北京2022年冬奥会背景下我国冰雪产业链现代化：机遇、挑战与路径［J］. 沈阳体育学院学报，2022，41（1）：25-32.

［18］李光，李艳翎. 中南地区冰雪体育旅游资源价值实现研究［J］. 中国体育科技，2015，51（4）：117-124.

［19］李小兰，阚军常，张宏宇. 北京2022年冬奥会背景下我国滑雪产业转型升级研究［J］. 体育文化导刊，2018（3）：82-86.

［20］李玉新，高学民. 我国滑雪旅游产业发展战略分析［J］. 体育文化导刊，2010（2）：57-59.

［21］廖伟伟. 行政法视角下高等教育"放管服"改革的本质、要点与路径——兼论我国教育行政执法的重大变革［J］. 重庆高教研究，2017，5（6）：28-37.

［22］刘超，陈林祥. 我国冰雪运动产业高质量发展机遇、趋势与路径［J］. 体育文化导刊，2021（11）：19-25.

［23］刘英基，韩元军. 要素结构变动、制度环境与旅游经济高质量发展［J］. 旅游学刊，2020，35（3）：28-38.

[24] 邵雪梅，邱丽，张琪，等. 休闲体育消费动机对行为意愿的影响：休闲涉入与体验质量的双重中介效应 [J]. 西安体育学院学报，2021，38（2）：174-181.

[25] 宋涛. 调整产业结构的理论研究 [J]. 当代经济研究，2002（11）：11-17.

[26] 孙双明，刘波，郭振，等. 改革开放以来中国滑雪场空间分布特征演变及影响因素研究 [J]. 沈阳体育学院学报，2019，38（6）：8-15.

[27] 孙一. 吉林省冰雪旅游产业发展探究 [J]. 体育科学，2011，31（6）：33-41.

[28] 王储，把多勋，马斌斌，等. 2022 年北京冬奥会背景下西北五省区冰雪旅游目的地协同发展研究——基于时空差异视角 [J]. 新疆大学学报（哲学社会科学版），2022，50（3）：9-17.

[29] 王飞，朱志强. 推进滑雪产业发展的大型滑雪旅游度假区建设研究 [J]. 体育科学，2017，37（4）：11-19，28.

[30] 王飞. 2022 年冬奥会背景下我国滑雪产业升级的内在需求判断 [J]. 山东体育学院学报，2019，35（2）：1-6.

[31] 王飞. 冬奥背景下我国区域滑雪产业结构效应研究 [J]. 沈阳体育学院学报，2016，35（5）：34-39.

[32] 王飞. 后冬奥时期冰雪运动公共服务的多维需求与精准供给 [J]. 北京体育大学学报，2022，45（5）：109-120.

[33] 王恒利，张瑞林，李凌，等. 女性参与冰雪体育旅游的影响因素研究 [J]. 北京体育大学学报，2019，42（3）：44-52.

[34] 王玲. 国内外滑雪产业开发与研究述评 [J]. 生态经济，2010（3）：66-70.

[35] 王露露，陈丹，高晓波. 我国健身休闲产业发展中的阻力及对策 [C]// 中国体育科学学会. 第十一届全国体育科学大会论文摘要汇编. 广州：华南理工大学体育学院；华南理工大学广东省体育产业发展研

究基地，2019：2.

[36] 王舜. 时尚消费与具身化体验：户外极限跑者的身份建构研究［J］. 体育与科学，2021，42（6）：96–102.

[37] 王先亮，王晓芳，李保安. 2022 年冬奥会背景下我国滑雪产业供给侧改革与需求侧升级［J］. 沈阳体育学院学报，2018，37（2）：1–7，42.

[38] 王一鸣. 百年大变局、高质量发展与构建新发展格局［J］. 管理世界，2020，36（12）：1–13.

[39] 王颖，孟德瀚，李玉宪. 北京冬奥会视域下乌鲁木齐市冰雪产业高质量发展研究［J］. 冰雪运动，2021，43（4）：73–77.

[40] 王月华，任保国，吴玲敏，等. 我国冰雪旅游产业发展效应及提升路径研究——基于冰雪运动"南展西扩东进"战略的分析［J］. 吉林体育学院学报，2020，36（1）：53–60.

[41] 吴宝升，易剑东. 从分散治理到协同治理：我国民间滑雪赛事治理走向分析［J］. 滑雪与科学，2020，41（3）：72–78.

[42] 吴玲敏，任保国，和立新，等. 北京冬奥会推动京津冀冰雪旅游发展效应及协同推进策略研究［J］. 北京体育大学学报，2019，42（1）：50–59.

[43] 伍斌，刘津成. 后冬奥时代中国滑雪产业发展趋势研究［J］. 中国生态旅游，2021，11（6）：938–952.

[44] 武义青，李国平，张强，等. 加快建设京张体育文化旅游带（笔谈）［J］. 经济与管理，2021，35（5）：10–19.

[45] 徐诗枫，薛梦莹，刘超，等. 冰雪产业高质量发展：内涵、困境与路径［J］. 新疆职业大学学报，2021，29（2）：50–54.

[46] 闫静，徐诗枫. 北京冬奥会背景下我国冰雪产业高质量发展的困境与实现路径［J］. 体育文化导刊，2021（5）：78–83.

[47] 杨明，王新平，王龙飞. 中国体育旅游产业集群研究［J］. 武汉体

育学院学报，2009，43（1）：37-42.

［48］杨润田，徐腾达.冬奥会背景下崇礼滑雪旅游产业的发展规模——基于经济预测的视角［J］.沈阳体育学院学报，2019，38（6）：1-7.

［49］杨志亭，孙建华.我国冰雪休闲度假旅游的文化特色及开发战略研究［J］.沈阳体育学院学报，2013，32（6）：139-140.

［50］杨子君，麦发壮.建立区域规划制度的必要性［J］.城乡建设，2007（8）：24-27.

［51］张大蒙，李美桂.政策工具视角：中国滑雪产业政策的主要问题与对策研究［J］.工业技术经济，2015，34（1）：3-11.

［52］张高华.我国冰雪体育产业非均衡协调发展研究［J］.北京体育大学学报，2017，40（12）：101-106.

［53］张梦菡，董锁成，李富佳，等.中国滑雪旅游网络关注度评估及后疫情时期复苏对策——以四大滑雪区域为例［J］.中国生态旅游，2022，12（1）：140-156.

［54］张娜，佟连军.吉林省冰雪旅游与区域经济增长协整分析及 Granger 因果检验［J］.地域研究与开发，2012，31（5）：73-77，84.

［55］张瑞林，李凌，车雯.冰雪体育旅游消费决策影响因素的质性研究［J］.体育学刊，2017，24（6）：54-60.

［56］张若冰，高妍，孙铁柱.以打造冰雪文旅 IP 产品赋能吉林省冰雪经济发展问题研究［J］.税务与经济，2021（6）：102-106.

［57］张婷，李祥虎，姚依丹，等.全域旅游视阈下辽宁省运动休闲小镇发展经验及启示［J］.体育文化导刊，2019（3）：76-81.

［58］张欣，杨荣荣.产业融合与我国冰雪旅游产业竞争力提升［J］.中国商贸，2014（15）：187-189.

［59］朱宝莉，刘晓鹰.全域旅游视域下民族特色小镇发展策略研究［J］.农业经济，2019（3）：15-17.

［60］朱晓柯，杨学磊，薛亚硕，等.冰雪旅游游客满意度感知及提升策

略研究——以哈尔滨市冰雪旅游为例［J］. 干旱区资源与环境, 2018, 32（4）: 189-195.

［61］蔡维英, 王兴华, 张伟, 等. 冬季不利气象条件群发特征及对吉林省滑雪旅游的影响［J/OL］. 地理科学, 2022: 1-9（2022-07-13）［2022-08-02］. http://kns.cnki.net/kcms/detail/22.1124.P.20220711.2131.028.html.

［62］蒋升阳. 黑龙江滑雪旅游入账逾5亿［N］. 人民日报, 2003-04-01.

［63］卢元镇. 体育人口: 社会体育宏观管理的晴阴表［N］. 学习时报, 2006-03-06.

［64］靳英华. 中国体育产业发展方式转变的国内外背景［N］. 中国体育报, 2013-03-15.

［65］杨安娣. 推动吉林"十四五"时期冰雪经济高质量发展［N］. 中国文化报, 2021-01-26（002）.

［66］王珂. 推动冰雪旅游高质量发展［N］. 人民日报, 2022-03-17（015）

［67］陶相安, 杨笑雨, 王永战, 等. 推动冰雪运动迈上新台阶［N］. 人民日报, 2022-03-18（007）.

［68］王亮, 刘若轩, 景灏. 科技创新点亮冰雪盛会［N］. 人民日报, 2022-03-19（005）.

［69］伍斌. 2021—2022中国滑雪产业白皮书［R/OL］. （2022-07-29）［2022-09-16］. http://vanat.ch/publications.Shtml.

［70］伍斌. 2022—2023中国滑雪产业白皮书［R/OL］. （2023-08-04）［2023-08-07］. https://www.163.com/dy/article/IBHMAFO9052984J7.html.

［71］刘佳. 2021-2022冰雪季我国冰雪休闲旅游人数将达3.05亿人次［EB/OL］. （2022-01-07）［2022-10-20］. http://ent.people.com.cn/n1/2022/0107/c101-32326391.html.

［72］百家号. 中国旅游研究院：2022 年全国滑雪旅游消费总额同比增长 36.3%［EB/OL］. （2023-01-20）［2023-04-20］. https://baijiahao.baidu.com/s?id=1755540758969931857&wfr=spider&for=pc.

［73］国家体育总局. 2022 年全国体育场地统计调查数据［EB/OL］. （2023-03-23）［2023-08-07］. https://www.sport.gov.cn/n315/n329/c25365348/content.html.

［74］光明网. 中国美好生活大调查数据发布　解读城市休闲生活新趋势［EB/OL］. （2023-05-01）［2023-08-07］. https://m.gmw.cn/2023-05/01/content_1303360653.htm.

［75］新华社. 3.46 亿人！"带动三亿人参与冰雪运动"目标已达成［EB/OL］. （2022-01-12）［2023-08-07］. https://www.gov.cn/xinwen/2022-01/12/content_5667956.htm.